ワンピースがいちばん

茅木真知子

文化出版局

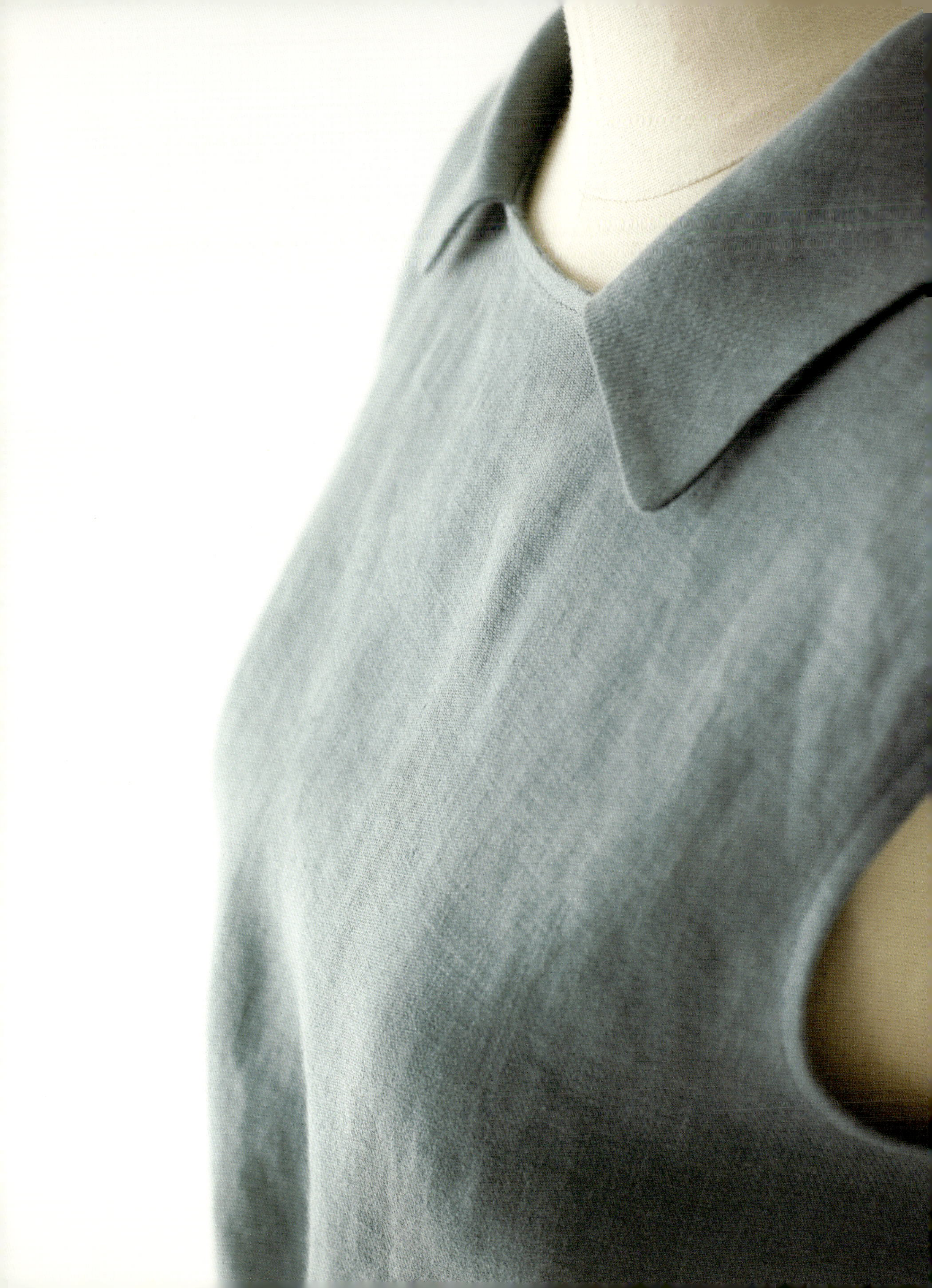

contents

a　やわらかリネンを使って　5　30

b　半袖のゆったりワンピース　6　36

c　きもののようなワンピース　7　33

d　ストライプのコットンで　8　38

e　ギャザーをたっぷり入れて　9　46

f　花模様のサマードレス　10　41

g　ローウエストで切り替えて　12　48

h　ボーダーのサックドレス　13　52

i　レースを使ったコートドレス　14　54

j　小花プリントのスモック　16　58

k　紺色チェックのワンピース　17　60

l　ギンガムチェックのカシュクールドレス　18　67

m　レーヨンのワンピース　19　62

n　コットンのシャツドレス　20　64

o　衿つきの麻のワンピース　22　70

p　大きなチェックのポリエステルタフタで　23　73

q　Aラインのウールのワンピース　24　74

r　水玉のウールガーゼで　26　76

s　ウールガーゼにレースをプラス　27　78

ひとつのパターンで　28

How to Make　29

あなたが作りたい服は？の第1位はワンピース。
着たい服は？もワンピース。だそうです。
重ね着したり、一枚でさらりと着たり、自由な着こなしが
すっかり定着したからかもしれませんね。

この本ではビギナーさん向けのかんたんワンピースから
ファスナーつきのちょっとがんばって作るワンピースまで
ご紹介しています。
ワンピースには夏のイメージがありますが
ウールで作る冬のワンピースも素敵です。
一年中やっぱりワンピースがいちばん！

裾まわりがたっぷりのワンピース。
脇線がバイアスになって伸びるので
裾のラインがすこし下がります。
そのシルエットがちょっと新鮮。
薄手のきれいな色のリネンで。
（作り方30ページ）

a

ボートネックに小さな袖、
ファスナーなしのゆったりワンピース。
ウエストに通した黒いコットンテープで
ゆるくブラウジングして着ます。
生成り色に黒い小花の透けない
コットンリネンで。
(作り方36ページ)

b

カシュクールふうの打合せと
ゆったりした袖がチョゴリのようでもあり
きもののようでもあり……。
どことなくアジアの香りがする
ワンピースになりました。
濃いむらさき色の麻で。
（作り方 33 ページ）

C

サッカーのようなシボのある
涼しそうなコットンで。
重ね着したりそのまま着たり、
毎日でも着たくなるワンピース。
布選びで部屋着にもおでかけ着にも
なりそうです。
（作り方 38 ページ）

d

透けるコットンボイルで
たっぷりギャザーを入れたスモックドレス。
薄い布だから分量が多くても軽やかです。
パンツに重ねてカジュアルに。
(作り方46ページ)

e

ウエストがゆったりした着やすい
プリンセスラインのワンピース。
前スカートは片プリーツ、後ろはセミフレアです。
夏になるのが待ち遠しい花模様のサマードレス。
（作り方41ページ）

f

11

g

ローウエストの切替え線に
ポケットをつけたシンプルなワンピース。
パンツやコートにもいいくらいの
しっかりしたコットンで。
細身のボックスシルエットがきれいにでます。
(作り方 48ページ)

このワンピースは幅広のボーダーが
こわれないように
胸ダーツのかわりに前中心に
タックを入れています。
シンプルなサックドレスが
布選びでモードっぽくなりました。
(作り方 52ページ)

h

袖と裾の切替えにレースを使った
ゆったりシルエットのコートドレス。
2種類の布を組み合わせるのは
むずかしいのですが
これは2つの布が同素材なので
ぴったり合いました。
布の優しいかんじをこわさないように
小さな貝ボタンを並べました。
(作り方54ページ)

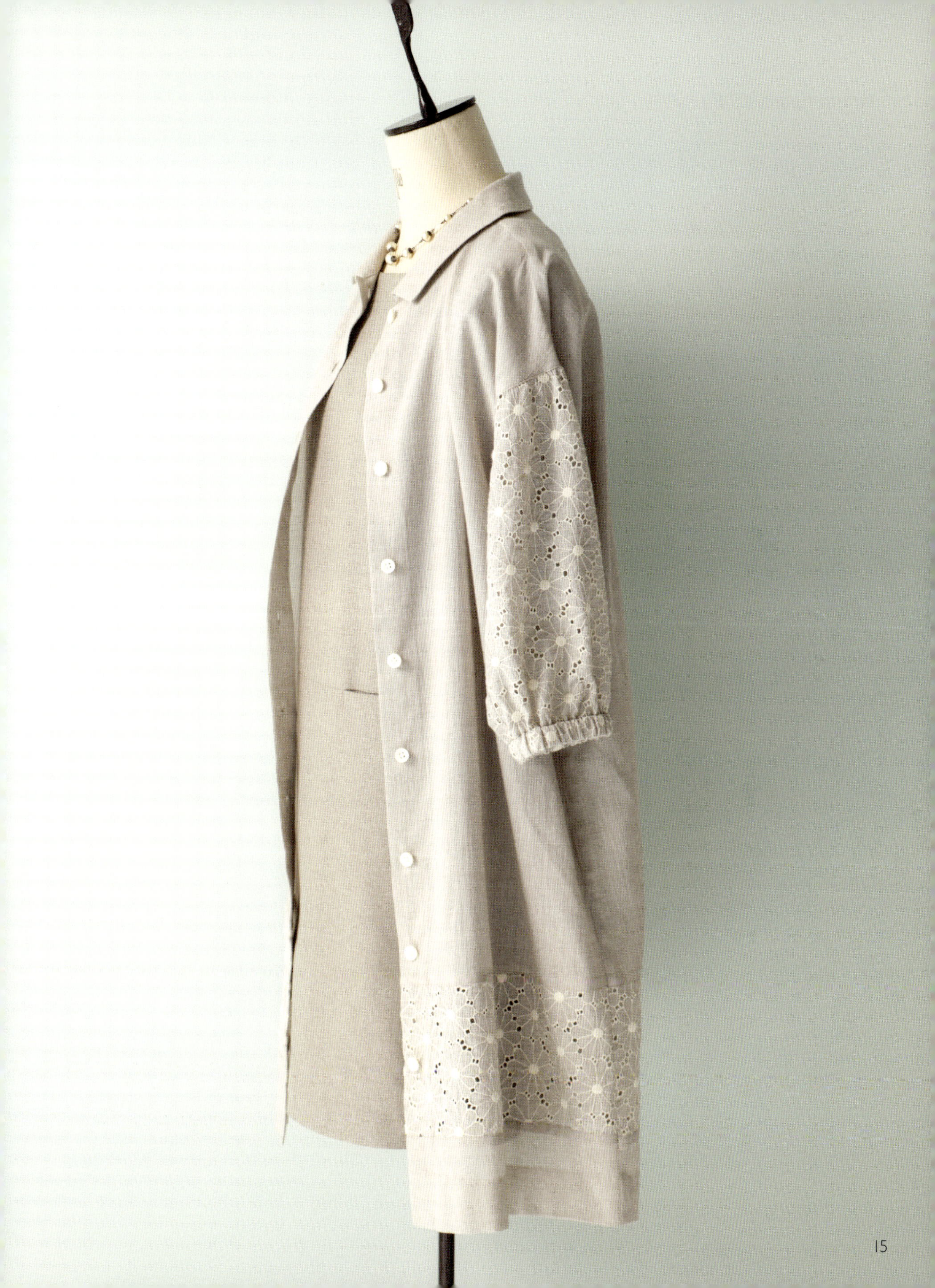

着丈しだいでブラウスにも
ワンピースにもなります。
スタンドカラーの先に
共布の細いリボンをつけました。
花模様のローンで作っていますが
ストライプやギンガム、
無地のリネンでも。
(作り方58ページ)

j

手描きふうのチェックが新鮮なコットンで。
ファスナーなしでラグランの長めの半袖。
作り方はかんたんだし誰にでも似合いそう。
お好きな布でどうぞ。
(作り方60ページ)

k

ちいさなギンガムチェックで作った
カシュクールドレス。
大きな衿がクラシカル。
幅広の共布のひもを巻いて結んで着ます。
小花プリントや水玉でも。
(作り方 67ページ)

水玉のレーヨンのワンピース。
パフスリーブに見えますが、
フレンチスリーブの袖口に
タックを入れているだけで袖つけなしです。
とろんとしたレーヨンだから
肩にきれいになじみます。
(作り方 62ページ)

m

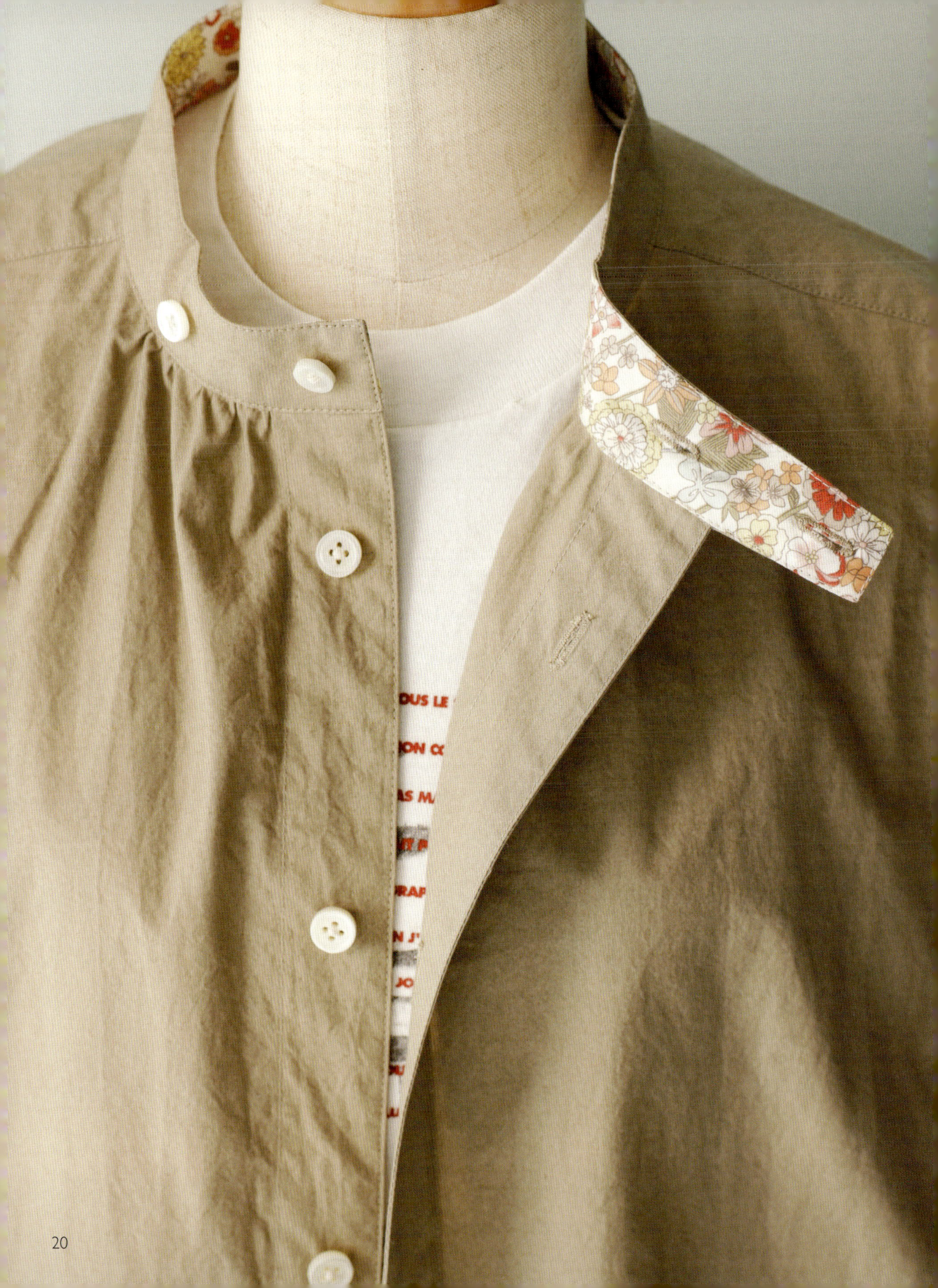

n

首からはなれたスタンドカラーのシャツドレス。
コートのようにはおって着ても。
裏衿と裏ヨークに小花プリントを
使ってみました。
見えないところにちょっと
こだわってみるのも
ホームクチュールの
ちいさな楽しみです。
（作り方64ページ）

ちいさな衿と肩先までの
フレンチスリーブで
きちんと感のある麻のワンピース。
こんな服のときは裾の始末は
ミシンではなく手でまつります。
ミシンが全部終わったあとに
ゆっくりすわって
ボタンつけや裾まつりなどの
手仕事をする時間がすき。
(作り方70ページ)

大きなタータンチェックで
ボリュームたっぷりのワンピース。
形状記憶加工のポリエステルタフタだから
ギャザーがふわふわ広がらず
しゅっとまとまります。
言葉ではこの布の雰囲気を
伝えにくくてもどかしいのですが……。
(作り方 73 ページ)

p

q

縫いやすい圧縮ウールで作った
Ａラインのワンピース。
着やすいラグラン袖、
ポケットもあると便利ですね。
袖口と裾の裏に仮縫いに使う
シーチングをつけました。
着て動くとちらっと生成り色が見えます。
（作り方 74 ページ）

薄くてやわらかいウールガーゼの
7分袖のワンピース。
裁つ前に水通しをすると
カジュアルなこなれたかんじになります。
ソーイングは夏だけのものではないですよ。
扱いやすいウールで
冬のワンピースもぜひ！
(作り方 76ページ)

r

チュールの上にウールの糸で刺繍をした
レース布とやわらかいウールガーゼを
組み合わせたワンピース。
身頃はウールガーゼの上にレースを重ねて
一枚の布のようにして縫っているので
レース使いもかんたんです。
(作り方78ページ)

S

ひとつのパターンで

布がかわるとひとつのパターンで作っても違う服に見えます。
きものは全部同じかたちなのに
それぞれ別の印象になるのといっしょかもしれません。
ここでは本の中からひとつのパターンで作ったワンピースについてお話します。
布地選びのお役にたてばと思います。

a (5ページ) 　　r (26ページ)

aは麻のノースリーブワンピース、
rは袖をつけたウールのワンピース。
rのほうが6cm着丈が長くなっています。
裾まわりがたっぷりなので、
どちらも薄くて軽い布が向いています。
rを夏素材で作っても。袖丈は半袖でも。
aをウールで作ってジャンパースカートにするのもいいですね。

d (8ページ) 　　m (19ページ)

身頃は同じパターンを使っています。
dのゆったりした袖口にタックを入れてパイピングしたのがmです。
スカート部分はdはギャザーを入れてふわっとさせて
mはギャザーなしで裾まわりの分量も少なめです。
とろんとしたレーヨン素材なのでシルエットもほっそり。
並べてみると布地選びとちょっとしたパターンアレンジで
ずいぶん違った印象のワンピースになるのがわかります。

e (9ページ) 　　p (23ページ)

この2点がひとつのパターンなのはすぐにわかるのですが
着たときのシルエットはかなり違います。
胸もとのギャザー分量が多いので薄い布が向いています。
eは薄くて透けるコットンボイル。
pのポリエステルタフタは薄くはないけれど
ギャザーを入れてもふわっとふくらまない形状記憶加工の布だから
ボリュームがおさえられます。

how to make

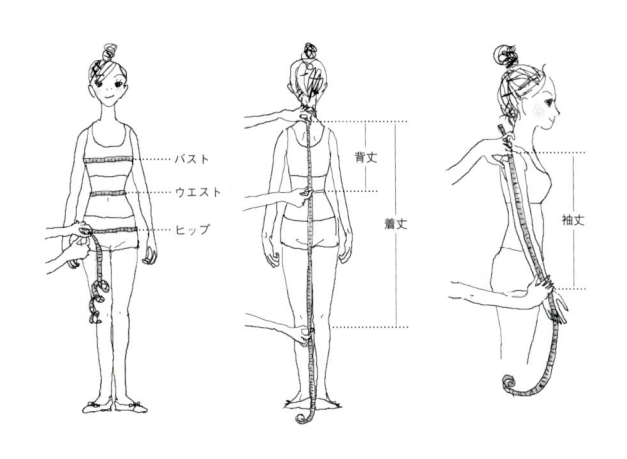

採寸とパターンのゆとりについて

まず、ヌード寸法を下着をつけた状態ではかってみましょう。バスト、ウエスト、ヒップは、メジャーを水平にし、ゆるみを加えず、締めすぎないようにはかります。背丈は首のつけ根からウエストまで。着丈は首のつけ根から裾まで。袖丈は肩先から手首のぐりぐりのところまで。イラストのように腕を自然に前方に下げた状態ではかります。今は袖丈を長めに着ることが多いので、出来上がり寸法はこの袖丈に1.5～2cmプラスしてもいいでしょう。
こうしてはかった自分の寸法を参考寸法表と比べてみると、あなたが何号のサイズかわかります。

ヌード寸法＋ゆるみ＝出来上がり寸法

それぞれの服の作り方ページにある出来上がり寸法には、その服に必要なゆるみがプラスしてあります。ヌード寸法と出来上がり寸法は違うので、そこにご注意ください。この本の実物大パターンは3サイズありますので、自分の寸法にいちばん近いパターンを使います。

参考寸法表 (cm)

サイズ 名称	9号	11号	13号
バスト	82	85	88
ウエスト	64	67	70
ヒップ	90	93	96
背丈	39	39	39
袖丈	54	54	54
身長	163	163	163

着丈は自分の服を参考に

ちょうどいいと思っている自分のワンピースの後ろ中心の丈をはかって、出来上がり寸法と比較してみましょう。裾上げは最後にするので、出来上がりに折り、しつけをして試着します。そのとき、必ず靴をはいてみてくださいね。裾のラインはたとえ1cmの違いでもすっきり見えたり、脚のバランスが悪く見えたりするものなので、ここでのひと手間はきっと満足度アップにつながるはずです。チュニックにアレンジするときも同様に。

付録のパターンより大きく、または小さくしたいとき

13号よりもう少し大きくしたいときは、身頃の脇で大きくしたい寸法の1/4ずつを広げます。袖やスカートがついているときは、それぞれの幅も広げることを忘れずに。9号より小さくしたいときは、同様に1/4ずつ小さくします。

パターンを作るときのポイント

パターンの写し方、縫い代つきのパターンの作り方（ダーツ、衿ぐり、肩先、袖口）は、いちばん後ろのページをご覧ください。

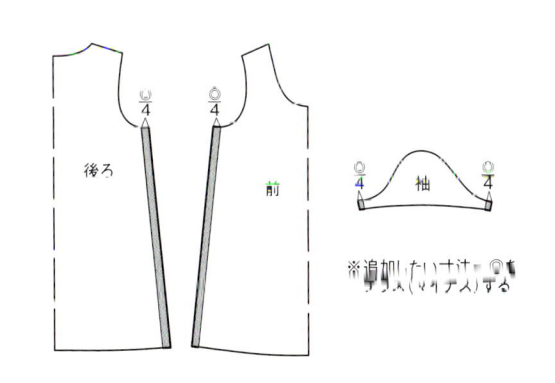

※追加したい寸法も
プラス（マイナス）する

a
やわらかリネンを使って
(作品5ページ)

● 必要なパターン（A面）
前、後ろ
※衿ぐり縁とり布、袖ぐり縁とり布は、裁合せ図で示した寸法を直接布地にしるして裁つ

● 材料
表布（麻）116cm幅 2.2 m
接着テープ（衿ぐり、袖ぐり）0.9cm幅を1.8 m

● 裁合せ図
表布

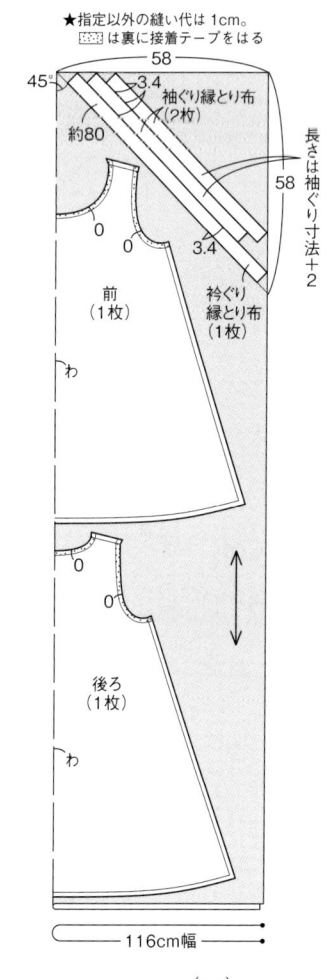

● 縫い方順序
<縫う前の準備>
身頃裏面の衿ぐりと袖ぐりの布端にそうように、接着テープをはる

1 肩を縫って、縫い代を後ろ側に倒す
2 前衿ぐりにギャザーを寄せて、衿ぐりを縁とり布でくるむ（→p.31） 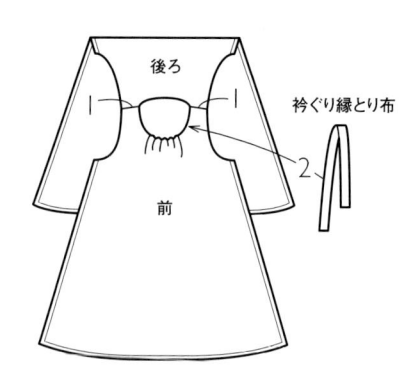
3 脇を縫って、縫い代を後ろ側に倒す
4 袖ぐりを縁とり布でくるむ（→p.32）
5 裾を三つ折りにして縫う（→p.32）

出来上り寸法 (cm)

名称＼サイズ	9	11	13
バスト	110	113	116
背肩幅	36	36.8	37.6
着丈	90	90	90

2 前衿ぐりにギャザーを寄せて、衿ぐりを縁とり布でくるむ

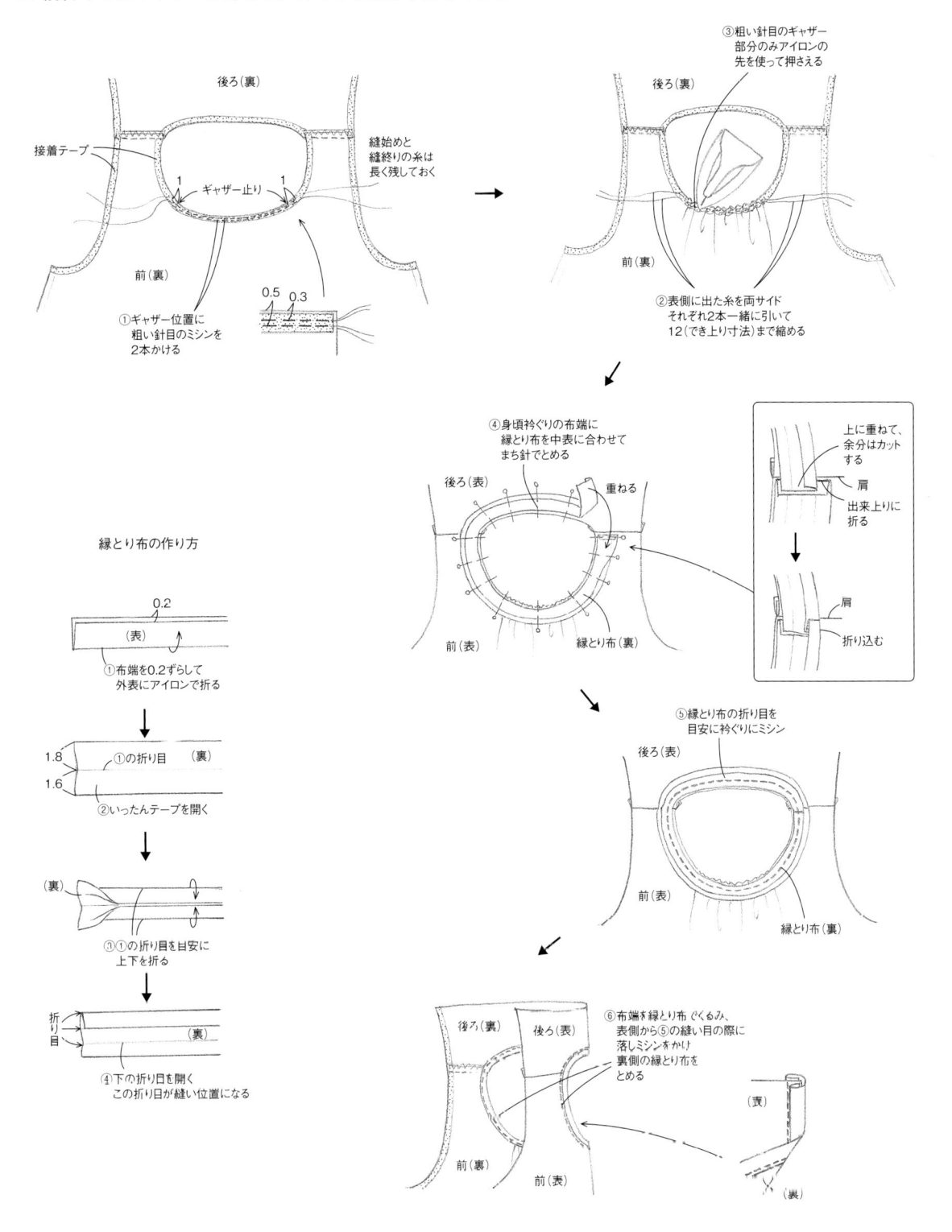

後ろ（裏）

接着テープ

縫始めと縫終りの糸は長く残しておく

1　ギャザー止り　1

前（裏）

①ギャザー位置に粗い針目のミシンを2本かける

0.5　0.3

③粗い針目のギャザー部分のみアイロンの先を使って押さえる

後ろ（裏）

前（裏）

②表側に出た糸を両サイドそれぞれ2本一緒に引いて12（でき上り寸法）まで縮める

④身頃衿ぐりの布端に縁とり布を中表に合わせてまち針でとめる

後ろ（表）

重ねる

前（表）　　縁とり布（裏）

上に重ねて、余分はカットする

肩

出来上りに折る

肩

折り込む

縁とり布の作り方

0.2

（表）

①布端を0.2ずらして外表にアイロンで折る

1.8
1.6

①の折り目　（裏）

②いったんテープを開く

（裏）

③①の折り目を目安に上下を折る

折り目　（裏）

④下の折り目を開くこの折り目が縫い位置になる

⑤縁とり布の折り目を目安に衿ぐりにミシン

後ろ（表）

前（表）　　縁とり布（裏）

⑥布端を縁とり布でくるみ、表側から⑤の縫い目の際に落しミシンをかけ裏側の縁とり布をとめる

後ろ（裏）　後ろ（表）

前（裏）　前（表）

（裏）

4 袖ぐりを縁とり布でくるむ

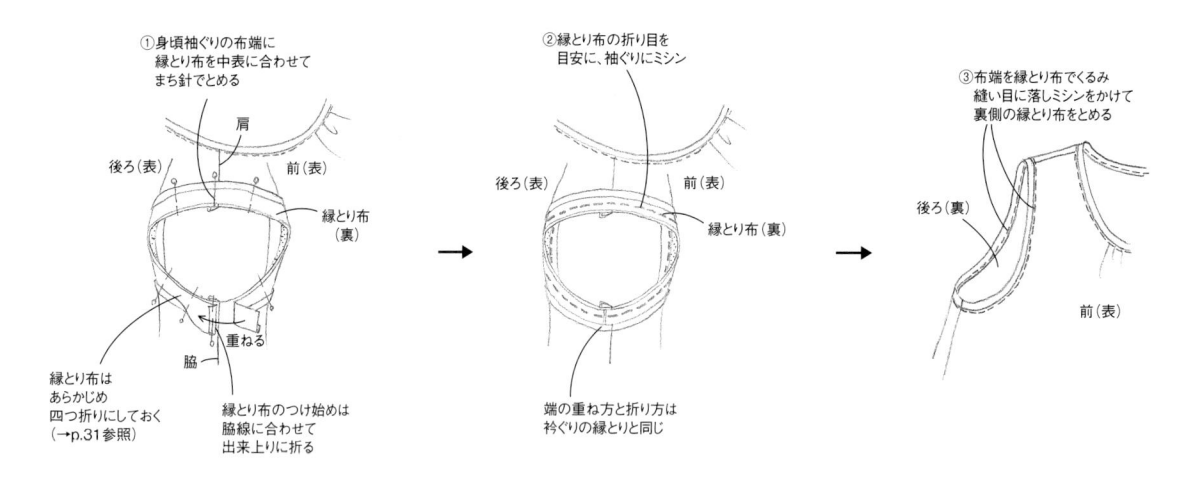

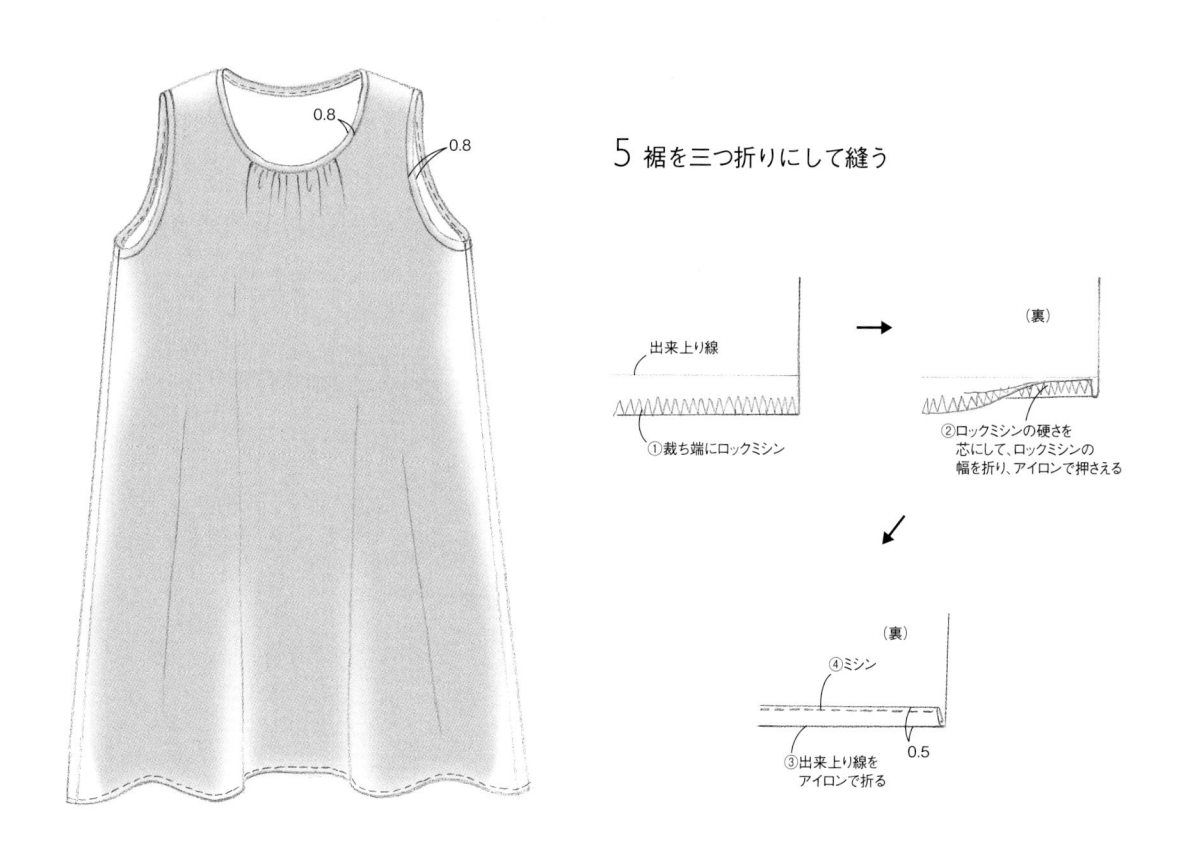

①身頃袖ぐりの布端に縁とり布を中表に合わせてまち針でとめる

肩
後ろ(表)
前(表)
縁とり布(裏)
脇
重ねる

縁とり布はあらかじめ四つ折りにしておく（→p.31参照）

縁とり布のつけ始めは脇線に合わせて出来上りに折る

②縁とり布の折り目を目安に、袖ぐりにミシン

後ろ(表)
前(表)
縁とり布(裏)

端の重ね方と折り方は衿ぐりの縁とりと同じ

③布端を縁とり布でくるみ縫い目に落しミシンをかけて裏側の縁とり布をとめる

後ろ(裏)
前(表)

0.8

0.8

5 裾を三つ折りにして縫う

出来上り線

①裁ち端にロックミシン

(裏)

②ロックミシンの硬さを芯にして、ロックミシンの幅を折り、アイロンで押さえる

(裏)

④ミシン

0.5

③出来上り線をアイロンで折る

C

きもののようなワンピース
(作品7ページ)

● 必要なパターン（B面）
前、後ろ、前後スカート、前衿ぐり見返し、後ろ衿ぐり見返し、袋布

● 材料
表布（麻）116cm幅 2.4 m
接着芯（衿ぐり見返し）90cm幅 40cm
接着テープ（前ポケット口）1cm幅を35cm

● 裁合せ図
表布

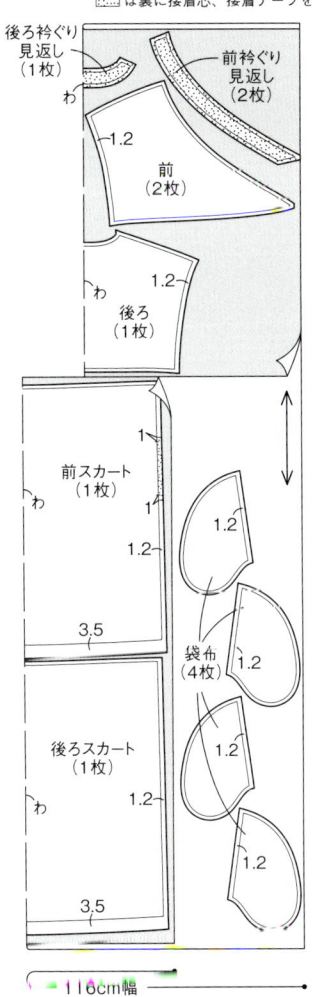

★指定以外の縫い代は1cm。
▨は裏に接着芯、接着テープをはる

後ろ衿ぐり見返し（1枚）
前衿ぐり見返し（2枚）
前（2枚）
後ろ（1枚）
前スカート（1枚）
袋布（4枚）
後ろスカート（1枚）
116cm幅

● 縫い方順序
<縫う前の準備>
衿ぐり見返しの裏面に接着芯、前スカートのポケット口の縫い代裏面に接着テープをそれぞれはる

1. 身頃の肩を縫って、縫い代を後ろ側に倒す
2. 衿ぐり見返しの肩を縫う（→ p.34）
3. 身頃に見返しを合わせて、衿ぐりを縫う（→ p.34） 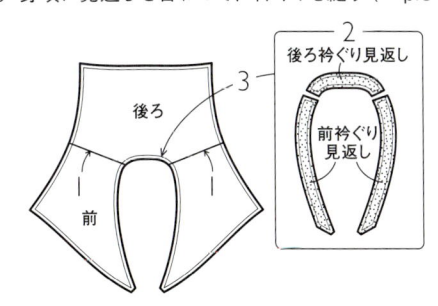
4. 身頃の脇を縫う（→ p.34）
5. 袖口を三つ折りにして縫う（→ p.34） 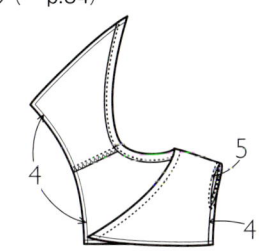
6. スカートの脇を縫って、ポケットを作る（→ p.35）
7. スカートのウエストにギャザーを寄せて、身頃と縫い合わせる
8. 裾を三つ折りにして縫う

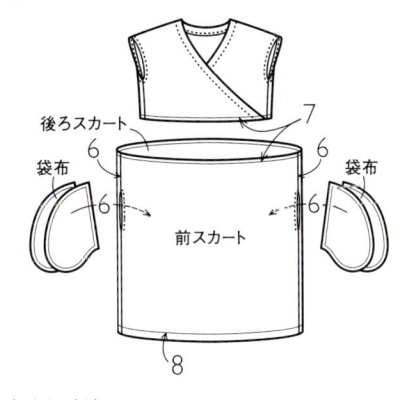

出来上り寸法 (cm)

名称\サイズ	9	11	13
バスト	100	103	106
背肩幅	59	60.5	62
着丈	100	100	100

2 衿ぐり見返しの肩を縫う

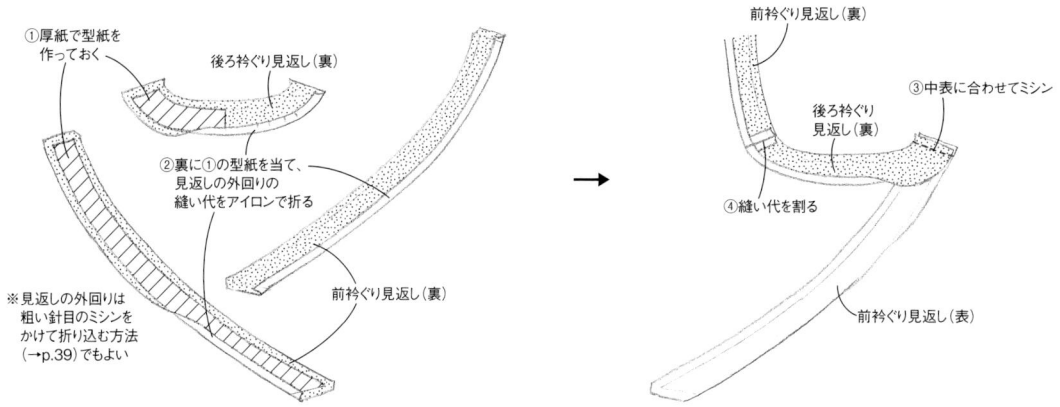

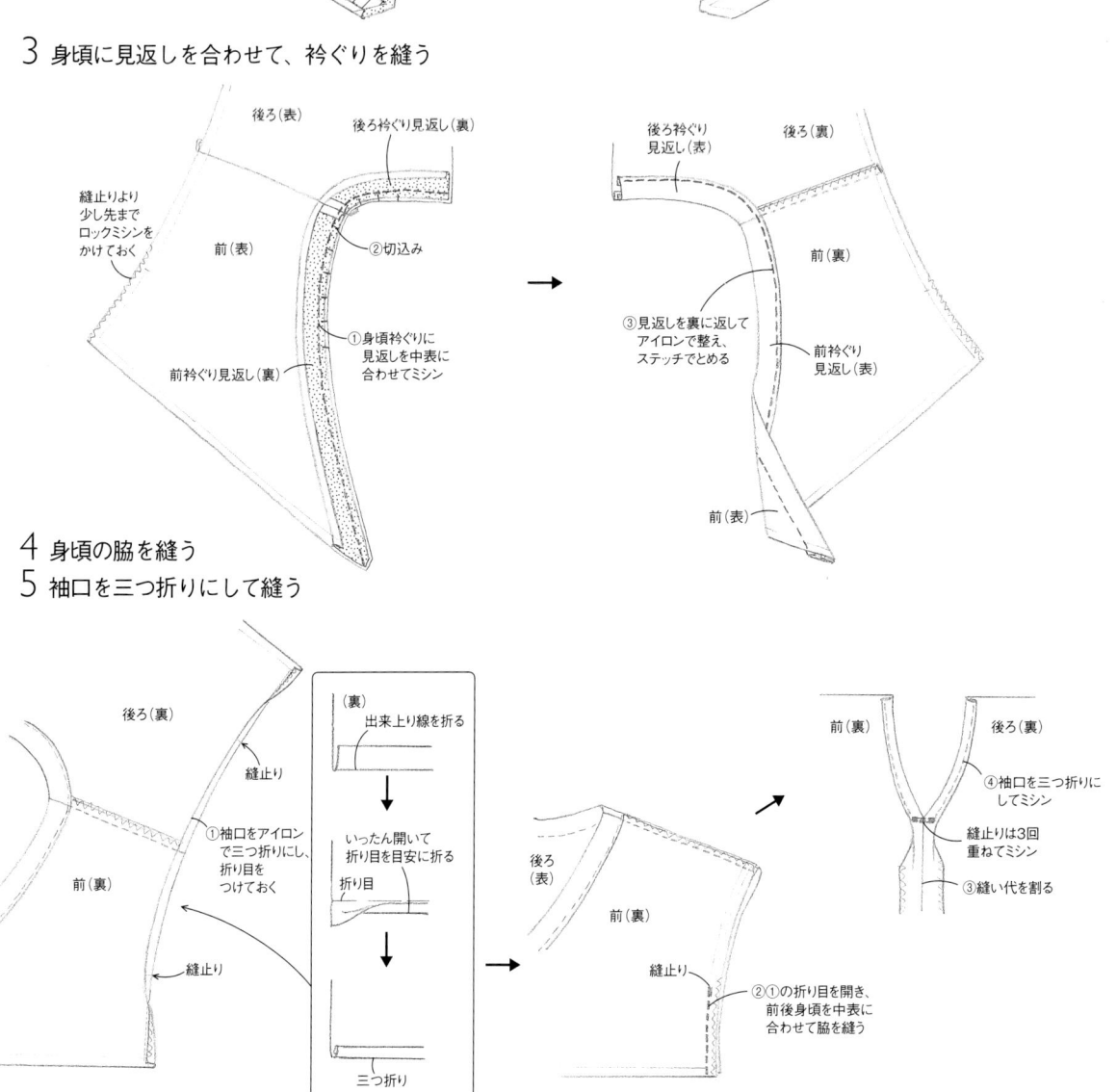

①厚紙で型紙を作っておく
後ろ衿ぐり見返し(裏)
②裏に①の型紙を当て、見返しの外回りの縫い代をアイロンで折る
前衿ぐり見返し(裏)
※見返しの外回りは粗い針目のミシンをかけて折り込む方法(→p.39)でもよい

前衿ぐり見返し(裏)
後ろ衿ぐり見返し(裏)
③中表に合わせてミシン
④縫い代を割る
前衿ぐり見返し(表)

3 身頃に見返しを合わせて、衿ぐりを縫う

後ろ(表)
後ろ衿ぐり見返し(裏)
縫止りより少し先までロックミシンをかけておく
前(表)
前衿ぐり見返し(裏)
①身頃衿ぐりに見返しを中表に合わせてミシン
②切込み

後ろ衿ぐり見返し(表)
後ろ(裏)
③見返しを裏に返してアイロンで整え、ステッチでとめる
前衿ぐり見返し(表)
前(裏)
前(表)

4 身頃の脇を縫う
5 袖口を三つ折りにして縫う

後ろ(裏)
縫止り
前(裏)
縫止り
①袖口をアイロンで三つ折りにし、折り目をつけておく

(裏)
出来上り線を折る
いったん開いて折り目を目安に折る
折り目
三つ折り

後ろ(表)
前(裏)
縫止り
②①の折り目を開き、前後身頃を中表に合わせて脇を縫う

前(裏) 後ろ(裏)
④袖口を三つ折りにしてミシン
縫止りは3回重ねてミシン
③縫い代を割る

6 スカートの脇を縫って、ポケットを作る（右ポケットの縫い方）

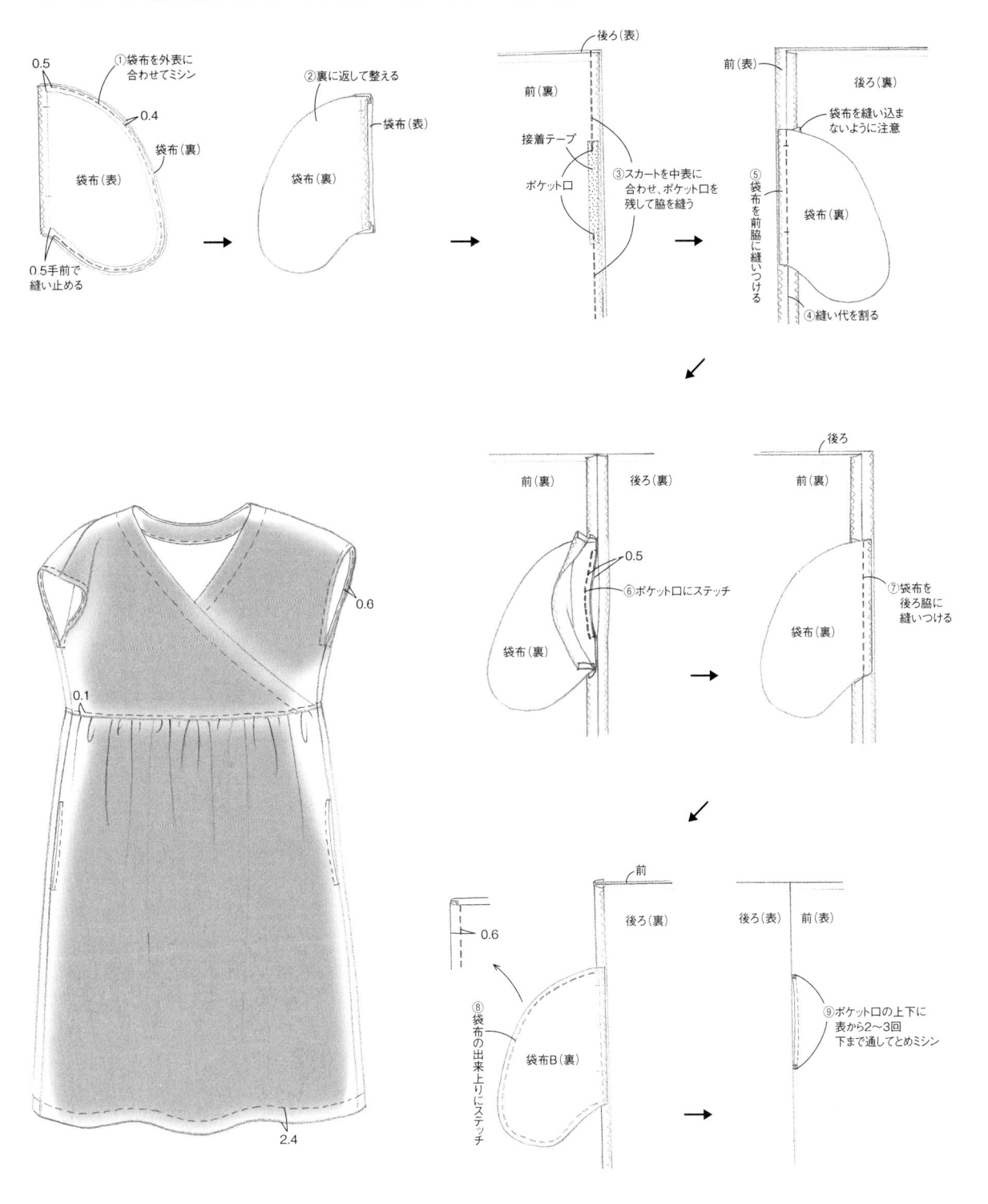

① 袋布を外表に合わせてミシン
0.5
0.4
袋布(表)
袋布(裏)
0.5手前で縫い止める

② 裏に返して整える
袋布(裏)
袋布(表)

後ろ(表)
前(裏)
接着テープ
ポケット口
③ スカートを中表に合わせ、ポケット口を残して脇を縫う

前(表)　後ろ(裏)
袋布を縫い込まないように注意
⑤ 袋布を前脇に縫いつける
袋布(裏)
④ 縫い代を割る

前(裏)　後ろ(裏)
0.5
⑥ ポケット口にステッチ
袋布(裏)

前(裏)　後ろ
⑦ 袋布を後ろ脇に縫いつける
袋布(裏)

前
後ろ(裏)
0.6
⑧ 袋布の出来上がりにステッチ
袋布B(裏)

後ろ(表)　前(表)
⑨ ポケット口の上下に表から2〜3回下まで通してとめミシン

0.6
0.1
2.4

35

b

半袖のゆったりワンピース
（作品6ページ）

● 必要なパターン（A面）
前、後ろ、袖、ウエスト当て布
※衿ぐり用バイアステープは、裁合せ図で示した寸法を
直接布地にしるして裁つ

● 材料
表布（コットンリネン）140㎝幅 1.4 m
接着テープ（衿ぐり）0.9㎝幅を70㎝
綿テープ 1.2㎝幅を1.4 m

● 裁合せ図
表布

★指定以外の縫い代は1㎝。
▨は裏に接着テープをはる

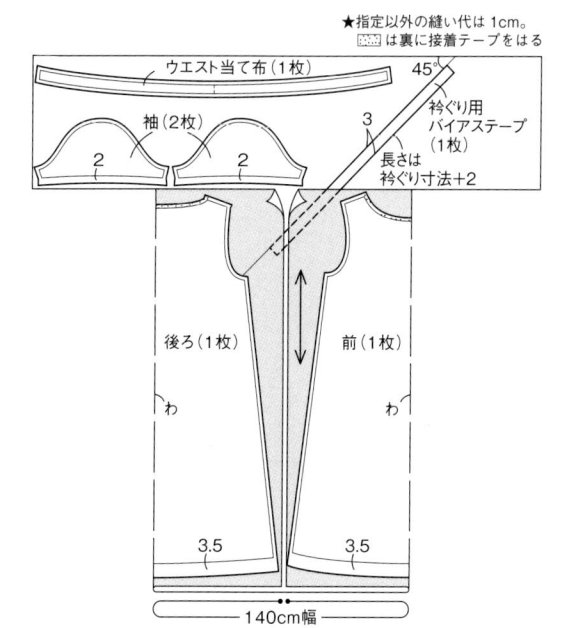

● 縫い方順序
＜縫う前の準備＞
衿ぐりの裏面に出来上り線より0.2㎝内側にかぶるように接着テープ
をはる
1 肩を縫う（→ p.37）
2 衿ぐりをバイアステープで始末する（→ p.37）

3 脇を縫って、縫い代を後ろ側に倒す
4 ウエスト当て布をつける（→ p.37）

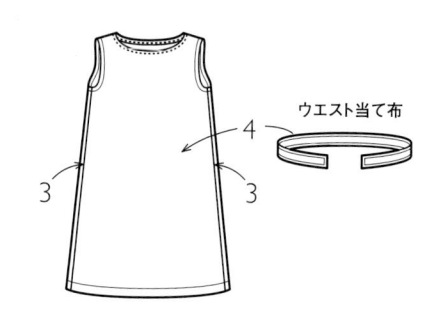

5 袖下を縫って、縫い代を後ろ側に倒す
6 袖口を三つ折りにして縫う
7 身頃に袖をつける（→ p.77）
8 裾を三つ折りにして縫う
9 ウエスト当て布の中に綿テープを通す（→ p.37）

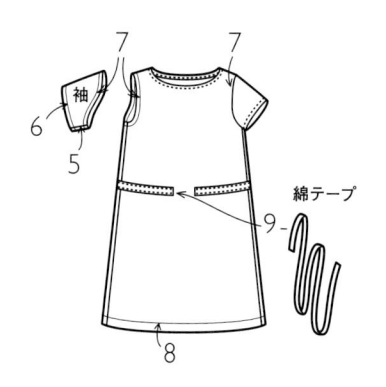

出来上り寸法 (cm)

名称＼サイズ	9	11	13
バスト	93.6	96.6	99.6
背肩幅	38	38.8	39.6
着丈	95	95	95
袖丈	14.1	14.2	14.3

1 肩を縫う

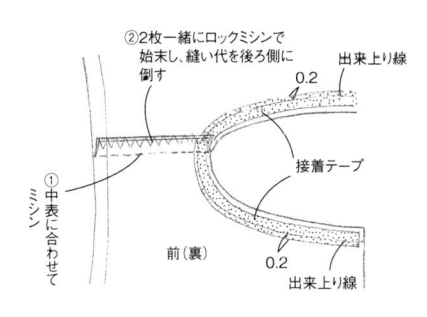

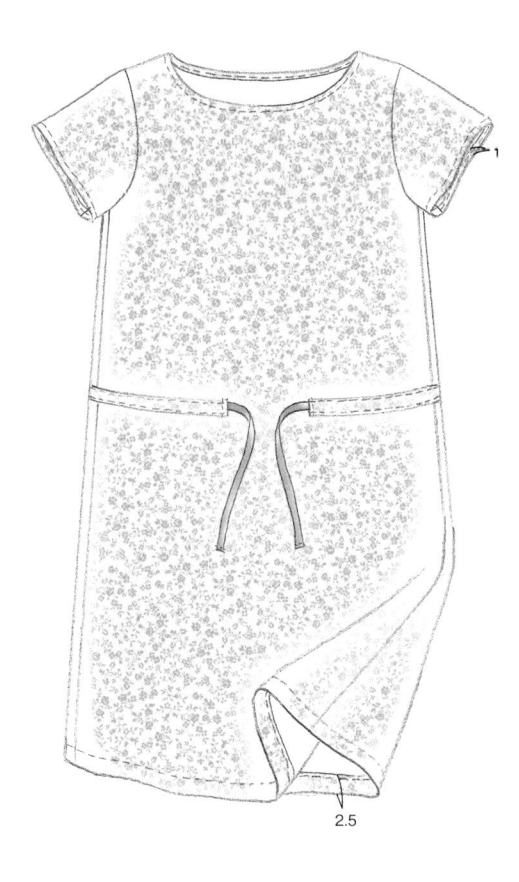

- ①中表に合わせて
- ミシン
- ②2枚一緒にロックミシンで始末し、縫い代を後ろ側に倒す
- 出来上り線 0.2
- 接着テープ
- 0.2
- 出来上り線
- 前(裏)

2 衿ぐりをバイアステープで始末する

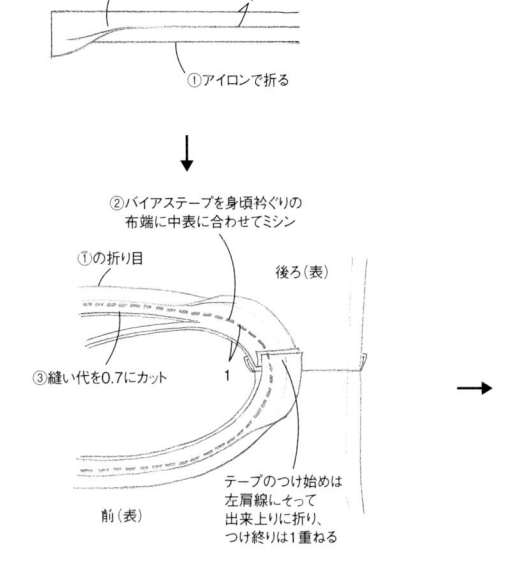

- バイアステープ(裏)
- ①アイロンで折る
- 1

- ①の折り目
- ②バイアステープを身頃衿ぐりの布端に中表に合わせてミシン
- 後ろ(表)
- ③縫い代を0.7にカット
- 1
- テープのつけ始めは左肩線にそって出来上りに折り、つけ終りは1重ねる
- 前(表)

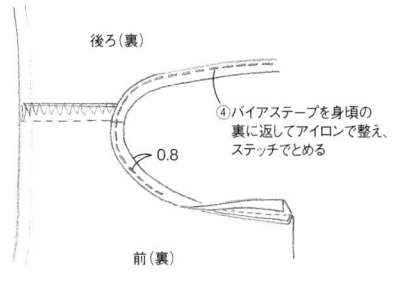

- 後ろ(裏)
- ④バイアステープを身頃の裏に返してアイロンで整え、ステッチでとめる
- 0.8
- 前(裏)

4 ウエスト当て布をつける
9 綿テープを通す

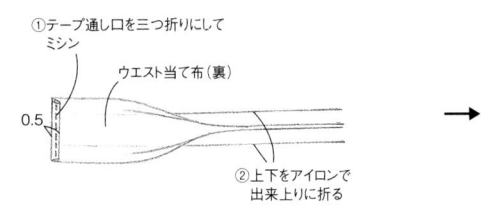

- ①テープ通し口を三つ折りにしてミシン
- ウエスト当て布(裏)
- 0.5
- ②上下をアイロンで出来上りに折る

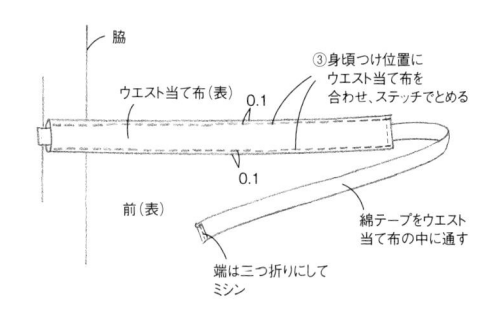

- 脇
- ③身頃つけ位置にウエスト当て布を合わせ、ステッチでとめる
- ウエスト当て布(表)
- 0.1
- 0.1
- 前(表)
- 端は三つ折りにしてミシン
- 綿テープをウエスト当て布の中に通す

1

2.5

d
ストライプのコットンで
（作品8ページ）

● 必要なパターン（D面）
前、後ろ、前スカート、後ろスカート、前衿ぐり見返し、後ろ衿ぐり見返し
※後ろあき縁とり布、布ループ用バイアステープは、裁合せ図で示した寸法を直接布地にしるして裁つ

● 材料
表布（コットン）110cm幅 1.9m
接着芯（衿ぐり見返し）90cm幅 20cm
ボタン直径1.1cmを1個

● 裁合せ図
表布
★指定以外の縫い代は1cm。
▨は裏に接着芯をはる

● 縫い方順序
＜縫う前の準備＞
衿ぐり見返しの裏面に接着芯をはる
1 身頃の肩を縫って、縫い代を後ろ側に倒す
2 衿ぐり見返しの肩を縫う（→ p.39）
3 身頃に見返しを合わせて、衿ぐりを縫う（→ p.39）
4 後ろあきを作って、布ループをつける（→ p.40）

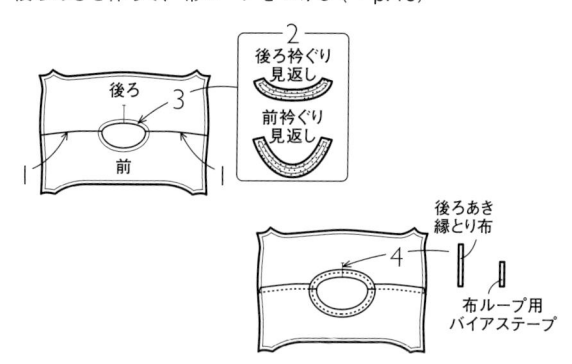

5 前スカートにギャザーを寄せて、前身頃と縫い合わせる。縫い代は身頃側に倒す
6 後ろスカートにギャザーを寄せて、後ろ身頃と縫い合わせる。縫い代は身頃側に倒す

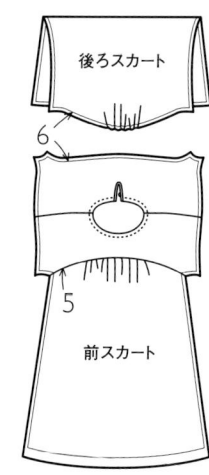

7 袖下と脇を続けて縫う（→ p.63）
8 袖口を三つ折りにして縫う
9 裾を三つ折りにして縫う
10 ボタンをつける

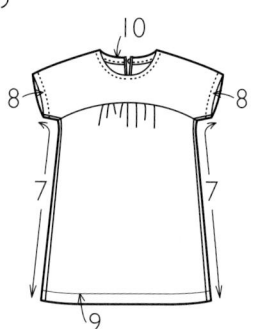

出来上り寸法 (cm)

名称＼サイズ	9	11	13
バスト	103.5	106.5	109.5
着丈	92	92	92
ゆき丈	35.3	36	36.7

ボタン 布ループ

1

1.9

2 衿ぐり見返しの肩を縫う

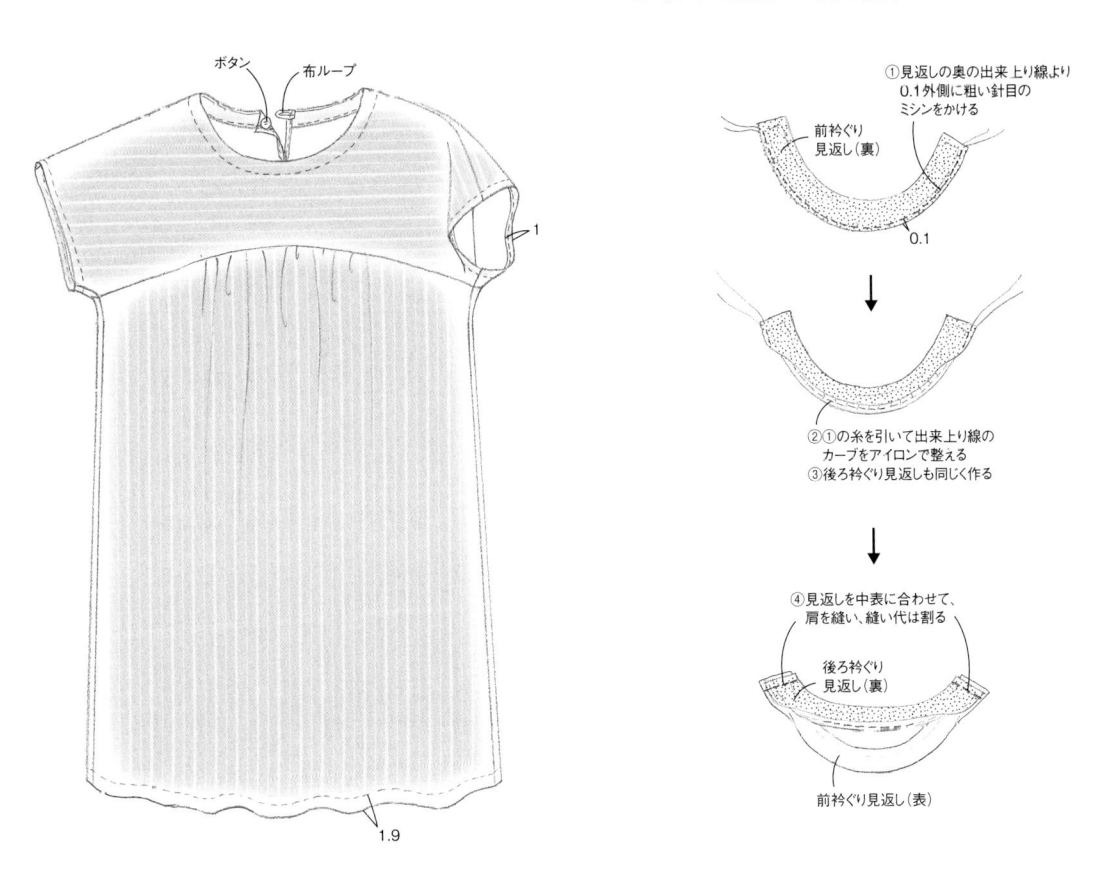

①見返しの奥の出来上り線より
0.1外側に粗い針目のミシンをかける

前衿ぐり見返し（裏）

0.1

②①の糸を引いて出来上り線の
カーブをアイロンで整える
③後ろ衿ぐり見返しも同じく作る

④見返しを中表に合わせて、
肩を縫い、縫い代は割る

後ろ衿ぐり見返し（裏）

前衿ぐり見返し（表）

3 身頃に見返しを合わせて、衿ぐりを縫う

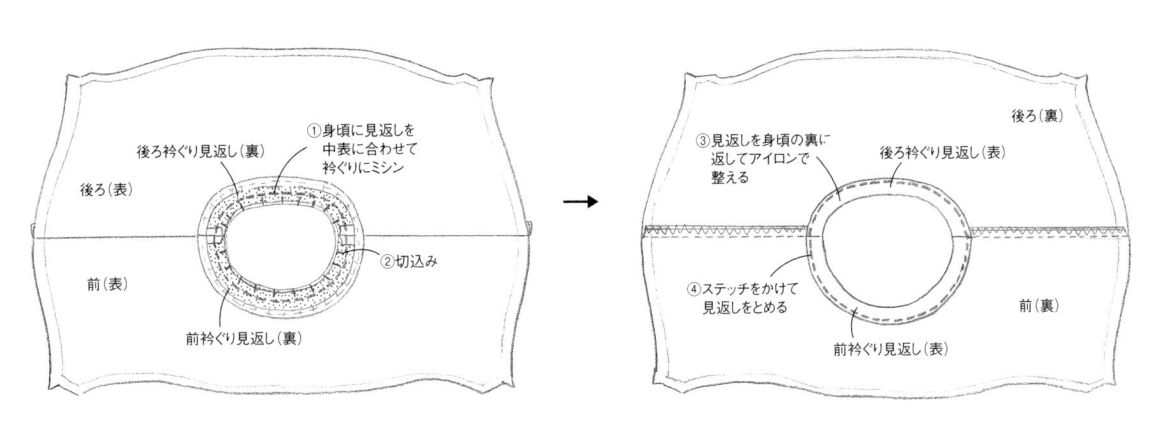

後ろ（表）

前（表）

後ろ衿ぐり見返し（裏）

①身頃に見返しを
中表に合わせて
衿ぐりにミシン

②切込み

前衿ぐり見返し（裏）

後ろ（裏）

後ろ衿ぐり見返し（表）

③見返しを身頃の裏に
返してアイロンで
整える

④ステッチをかけて
見返しをとめる

前衿ぐり見返し（表）

前（裏）

4 後ろあきを作って、布ループをつける

縁とり布の作り方

① 外表に半分に折る

② いったんテープを開き、①の折り目を目安に上下を折る

③ 四つ折りした状態

布ループの作り方

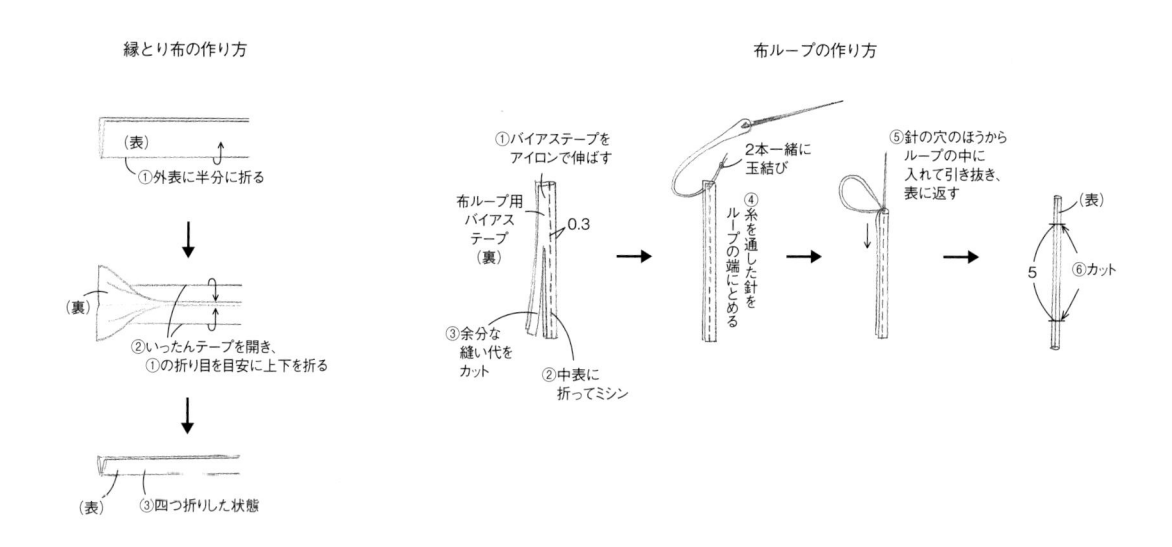

① バイアステープをアイロンで伸ばす

布ループ用バイアステープ（裏）　0.3

② 中表に折ってミシン

③ 余分な縫い代をカット

2本一緒に玉結び

④ 糸を通した針をループの端にとめる

⑤ 針の穴のほうからループの中に入れて引き抜き、表に返す

5　⑥ カット

後ろあきの縫い方

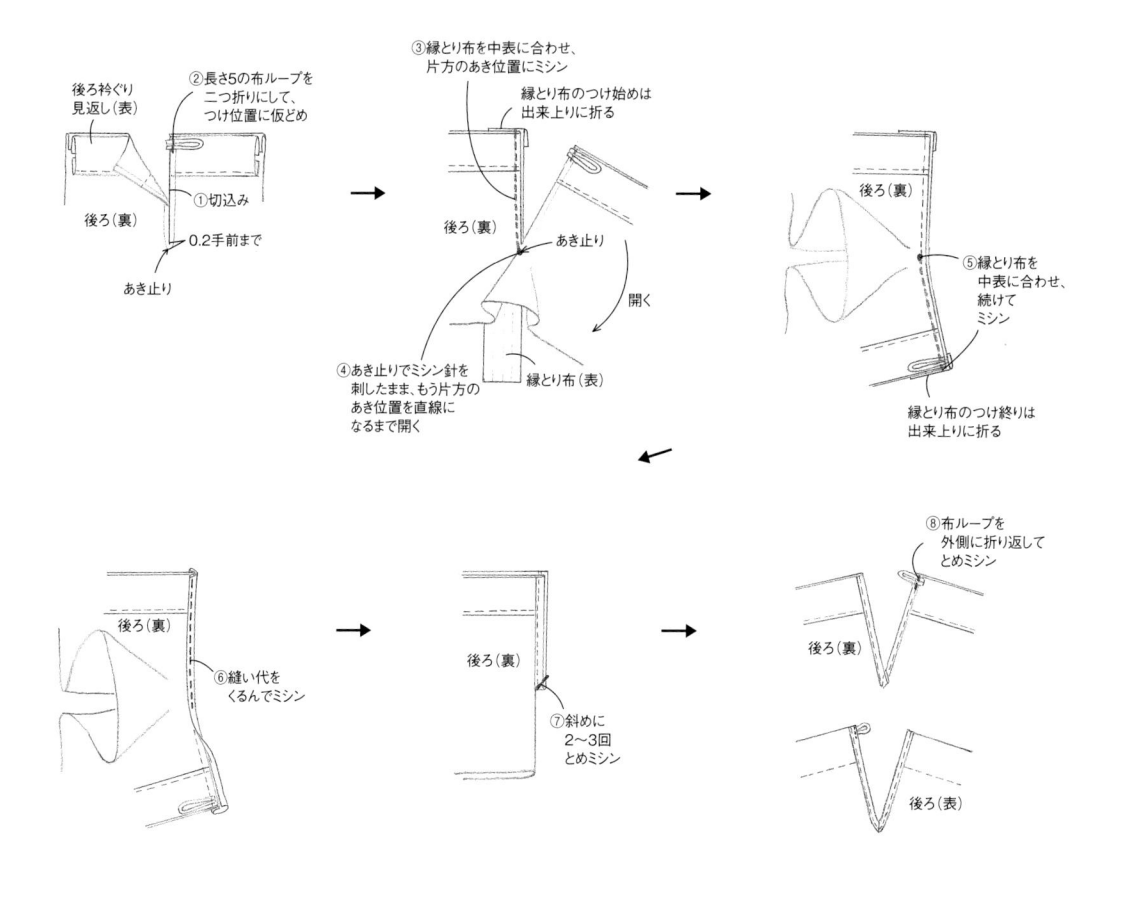

後ろ衿ぐり見返し（表）

② 長さ5の布ループを二つ折りにして、つけ位置に仮どめ

後ろ（裏）

① 切込み

0.2手前まで

あき止り

③ 縁とり布を中表に合わせ、片方のあき位置にミシン

縁とり布のつけ始めは出来上りに折る

後ろ（裏）

あき止り

開く

④ あき止りでミシン針を刺したまま、もう片方のあき位置を直線になるまで開く

縁とり布（表）

後ろ（裏）

⑤ 縁とり布を中表に合わせ、続けてミシン

縁とり布のつけ終りは出来上りに折る

後ろ（裏）

⑥ 縫い代をくるんでミシン

後ろ（裏）

⑦ 斜めに2〜3回とめミシン

⑧ 布ループを外側に折り返してとめミシン

後ろ（裏）

後ろ（表）

f

花模様のサマードレス

(作品10ページ)

● 必要なパターン (D面)
前、前脇、後ろ、後ろ脇、前見返し、後ろ見返し

● 材料
表布 (コットン) 110cm幅 2.2m
接着芯 (見返し) 90cm幅 40cm
コンシールファスナー長さ56cmを1本
スプリングホック1組み

● 裁合せ図
表布

★指定以外の縫い代は1cm。
▨は裏に接着芯をはる

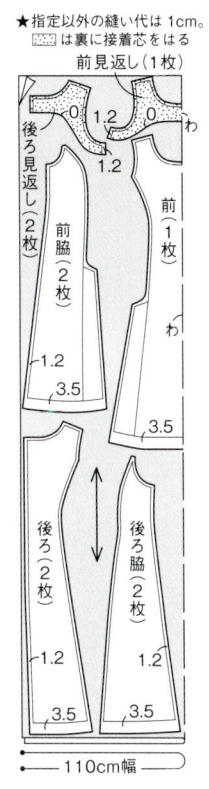

● 縫い方順序

<縫う前の準備>
見返しの裏面に接着芯をはる

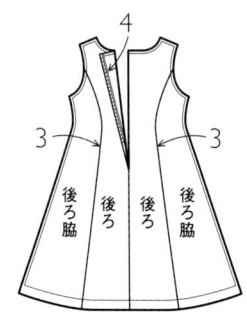

1 前裾を折ってまつる (→p.42)
2 前切替え線を縫って、プリーツをたたむ (→p.42)
3 後ろ切替え線を縫って、縫い代を中心側に倒す
4 後ろ中心を縫って、コンシールファスナーをつける (→p.43) 
5 身頃の肩を縫って、縫い代を割る
6 見返しの肩を縫って、縫い代を割る
7 身頃に見返しを合わせて、衿ぐりを縫う (→p.44)
8 袖ぐりを縫う (→p.44〜45) 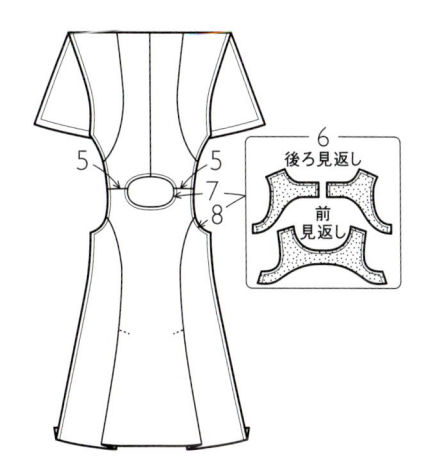
9 身頃と見返しの脇を縫う (→p.45)
10 後ろ裾を折ってまつる
11 スプリングホックをつける

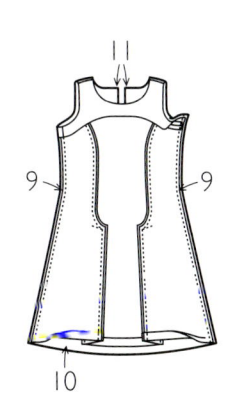

出来上り寸法 (cm)

名称＼サイズ	9	11	13
バスト	90.5	93.5	96.5
ウエスト	83.6	86.6	89.6
背肩幅	35	35.8	36.6
着丈	98	98	98

1 前裾を折ってまつる

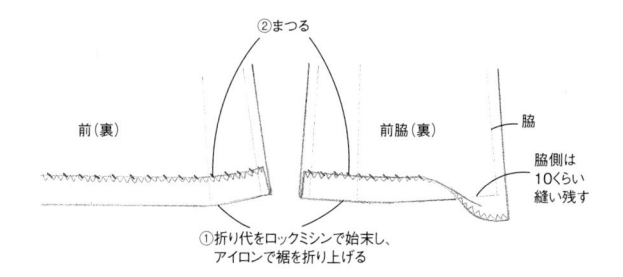

前(裏) 前脇(裏) 脇

②まつる

①折り代をロックミシンで始末し、アイロンで裾を折り上げる

脇側は10くらい縫い残す

2 前切替え線を縫って、プリーツをたたむ

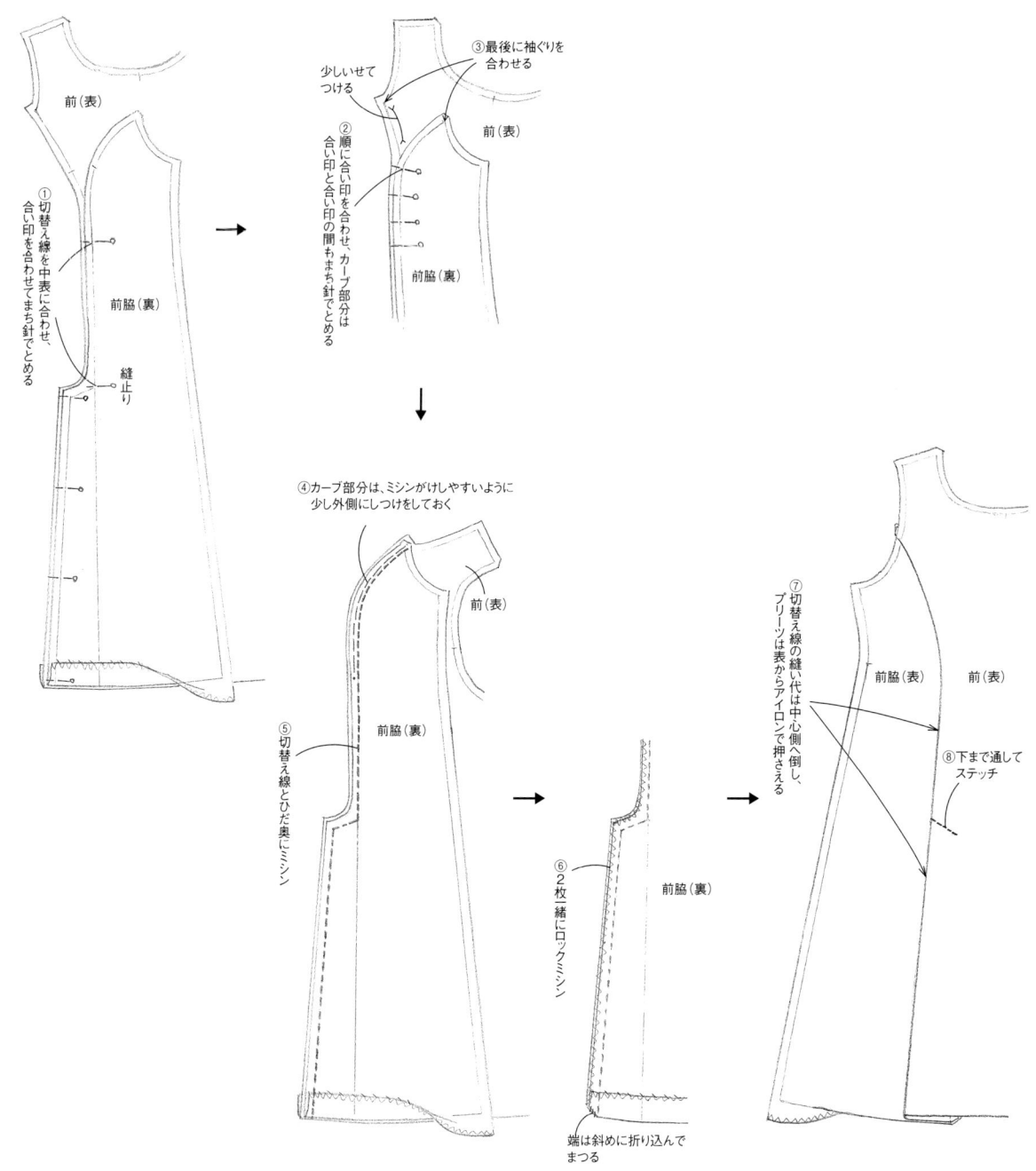

前(表)

①切替え線を中表に合わせ、合い印を合わせてまち針でとめる

前脇(裏)

縫止り

②順に合い印を合わせ、カーブ部分は合い印と合い印の間もまち針でとめる

少しいせてつける

③最後に袖ぐりを合わせる

前(表)

前脇(裏)

④カーブ部分は、ミシンがけしやすいように少し外側にしつけをしておく

前(表)

⑤切替え線とひだ奥にミシン

前脇(裏)

⑥2枚一緒にロックミシン

前脇(裏)

端は斜めに折り込んでまつる

⑦切替え線の縫い代は中心側へ倒し、プリーツは表からアイロンで押さえる

前脇(表) 前(表)

⑧下まで通してステッチ

4 後ろ中心を縫って、コンシールファスナーをつける

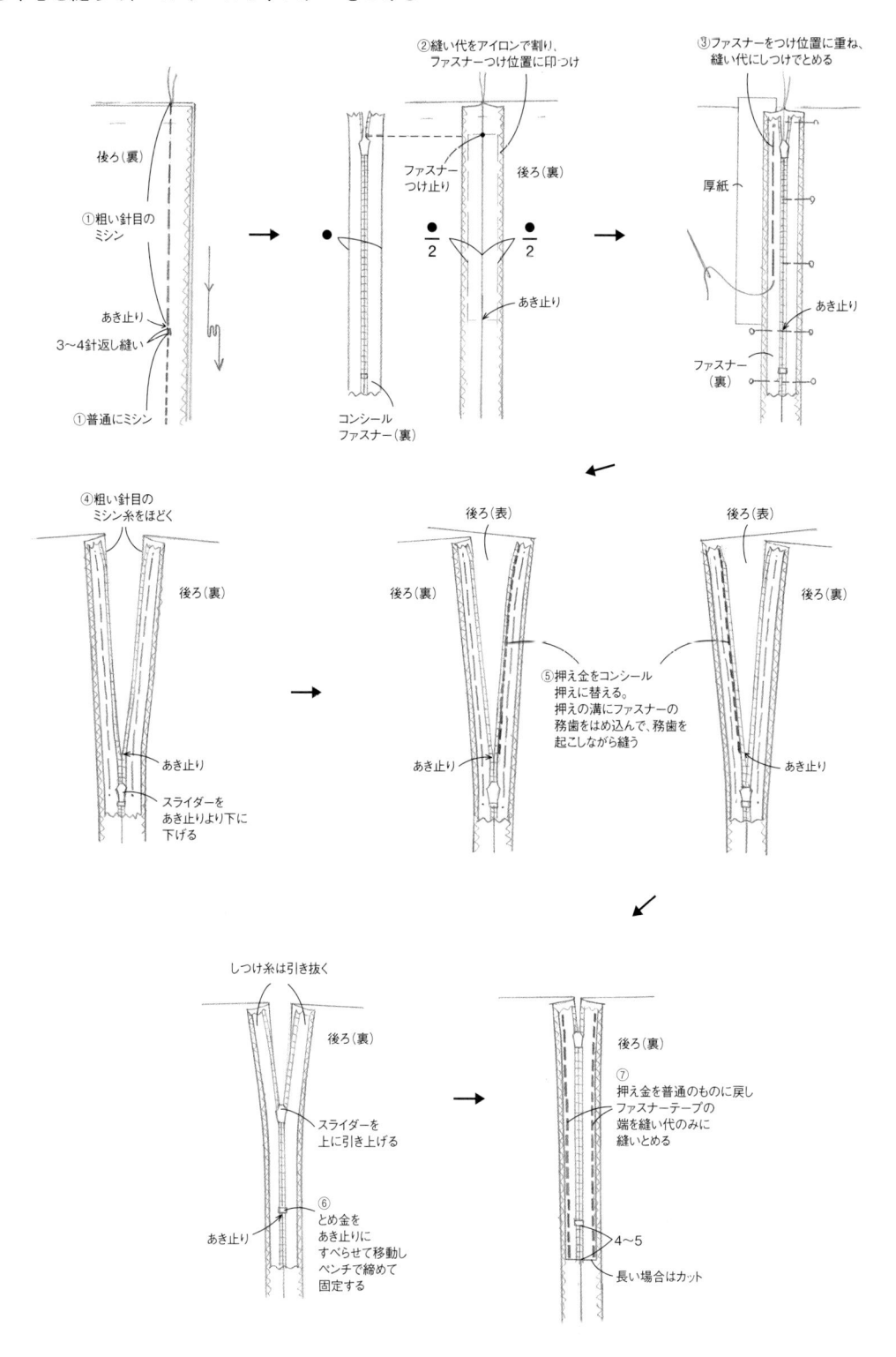

①粗い針目のミシン
あき止り
3〜4針返し縫い
①普通にミシン
後ろ(裏)

②縫い代をアイロンで割り、ファスナーつけ位置に印つけ
ファスナーつけ止り
あき止り
コンシールファスナー(裏)
後ろ(裏)

③ファスナーをつけ位置に重ね、縫い代にしつけでとめる
厚紙
あき止り
ファスナー(裏)

④粗い針目のミシン糸をほどく
後ろ(裏)
あき止り
スライダーをあき止りより下に下げる

⑤押え金をコンシール押えに替える。押えの溝にファスナーの務歯をはめ込んで、務歯を起こしながら縫う
後ろ(表)
後ろ(裏)
あき止り

後ろ(表)
後ろ(裏)
あき止り

しつけ糸は引き抜く
後ろ(裏)
スライダーを上に引き上げる
⑥とめ金をあき止りにすべらせて移動しペンチで締めて固定する
あき止り

⑦押え金を普通のものに戻しファスナーテープの端を縫い代のみに縫いとめる
後ろ(裏)
4〜5
長い場合はカット

43

7 身頃に見返しを合わせて、衿ぐりを縫う

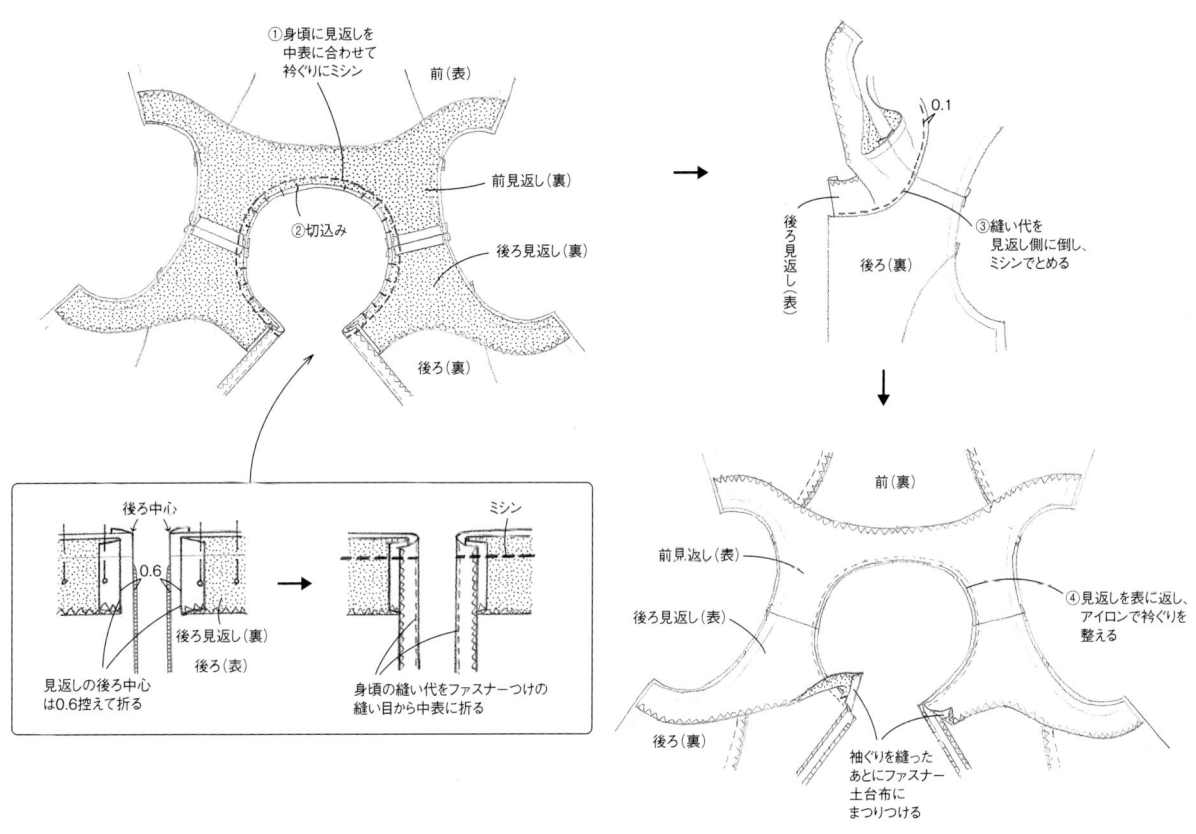

①身頃に見返しを中表に合わせて衿ぐりにミシン
前（表）
前見返し（裏）
②切込み
後ろ見返し（裏）
後ろ（裏）

後ろ中心
ミシン
0.6
見返しの後ろ中心は0.6控えて折る
後ろ見返し（裏）
後ろ（表）
身頃の縫い代をファスナーつけの縫い目から中表に折る

0.1
後ろ見返し（表）
後ろ（裏）
③縫い代を見返し側に倒し、ミシンでとめる

前（裏）
前見返し（表）
後ろ見返し（表）
後ろ（裏）
④見返しを表に返し、アイロンで衿ぐりを整える
袖ぐりを縫ったあとにファスナー土台布にまつりつける

8 袖ぐりを縫う

後ろ袖ぐりの縫い方

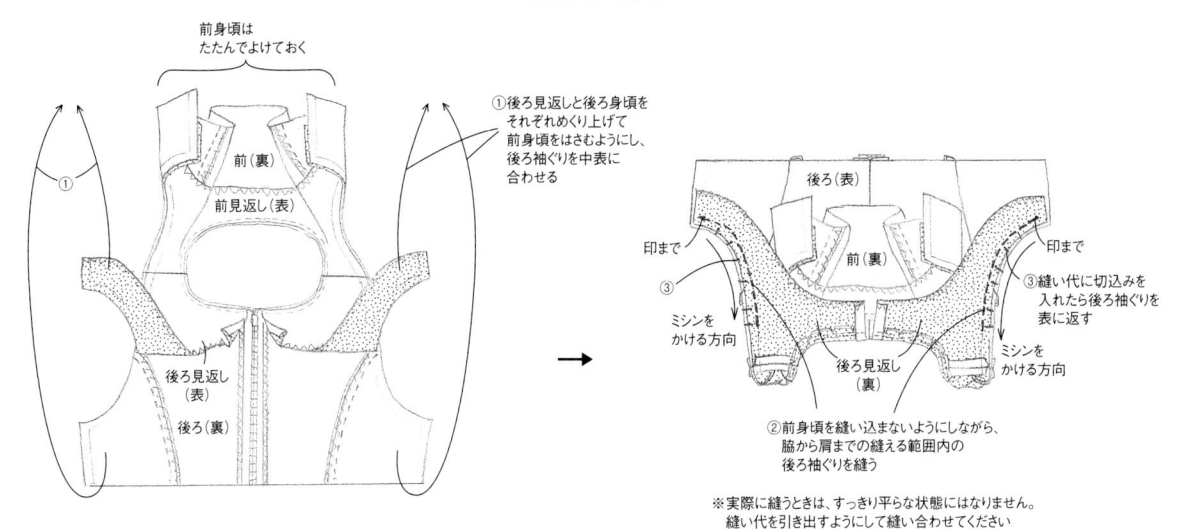

前身頃はたたんでよけておく
①
前（裏）
前見返し（表）
後ろ見返し（表）
後ろ（裏）
①後ろ見返しと後ろ身頃をそれぞれめくり上げて前身頃をはさむようにし、後ろ袖ぐりを中表に合わせる
③
ミシンをかける方向

後ろ（表）
前（裏）
後ろ見返し（裏）
印まで
③縫い代に切込みを入れたら後ろ袖ぐりを表に返す
ミシンをかける方向
②前身頃を縫い込まないようにしながら、脇から肩までの縫える範囲内の後ろ袖ぐりを縫う

※実際に縫うときは、すっきり平らな状態にはなりません。縫い代を引き出すようにして縫い合わせてください

前袖ぐりの縫い方

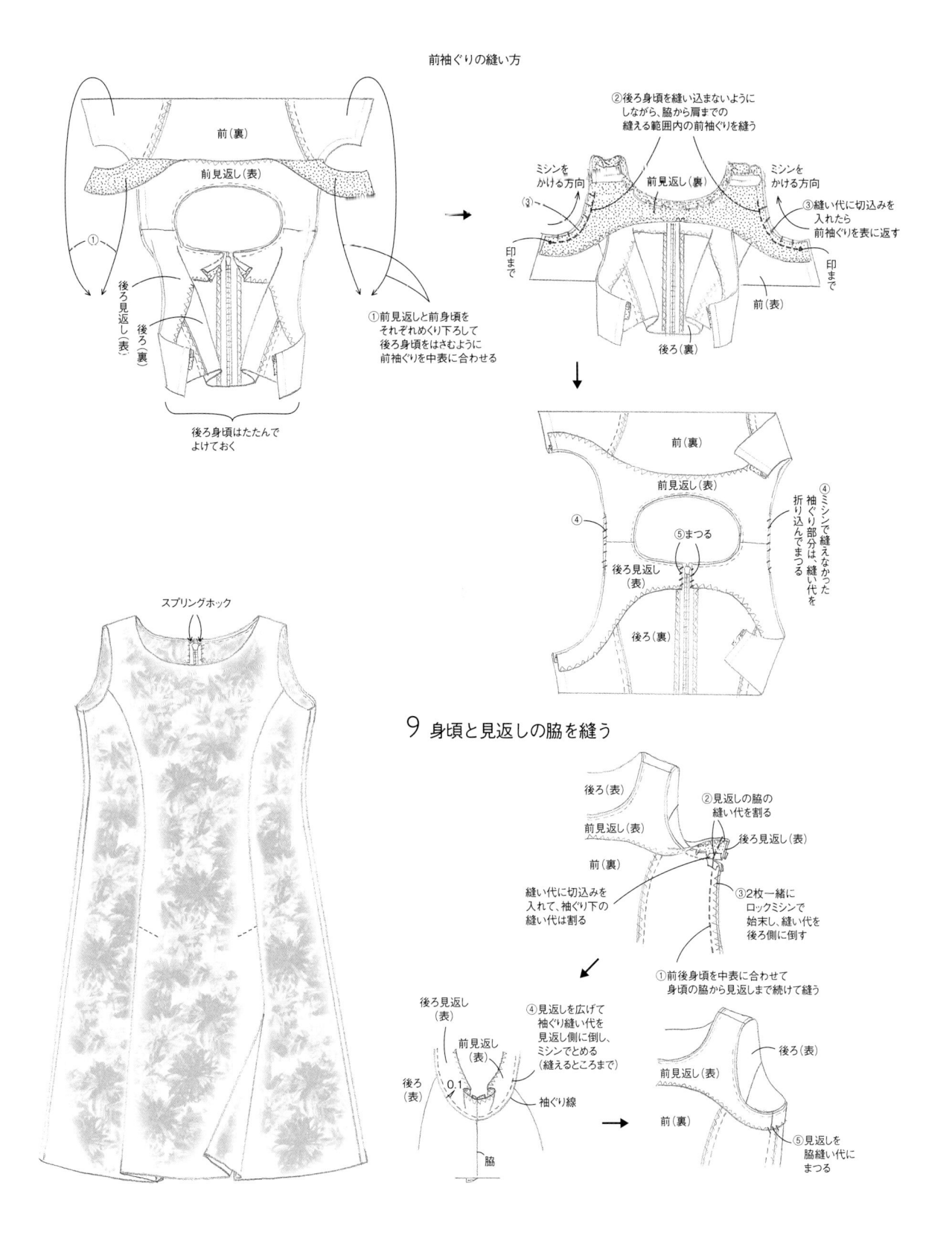

①前見返しと前身頃をそれぞれめくり下ろして後ろ身頃をはさむように前袖ぐりを中表に合わせる

後ろ身頃はたたんでよけておく

②後ろ身頃を縫い込まないようにしながら、脇から肩までの縫える範囲内の前袖ぐりを縫う

ミシンをかける方向

印まで

③縫い代に切込みを入れたら前袖ぐりを表に返す

④ミシンで縫えなかった袖ぐり部分は、縫い代を折り込んでまつる

⑤まつる

スプリングホック

9 身頃と見返しの脇を縫う

②見返しの脇の縫い代を割る

③2枚一緒にロックミシンで始末し、縫い代を後ろ側に倒す

①前後身頃を中表に合わせて身頃の脇から見返しまで続けて縫う

縫い代に切込みを入れて袖ぐり下の縫い代は割る

④見返しを広げて袖ぐり縫い代を見返し側に倒し、ミシンでとめる(縫えるところまで)

袖ぐり線

脇

⑤見返しを脇縫い代にまつる

e
ギャザーをたっぷり入れて
（作品9ページ）

● 必要なパターン（C面）
前、後ろ、衿ぐり布、袖口布
● 材料
表布（コットンボイル）110cm幅 1.9m

● 裁合せ図　★指定以外の縫い代は1cm。
表布

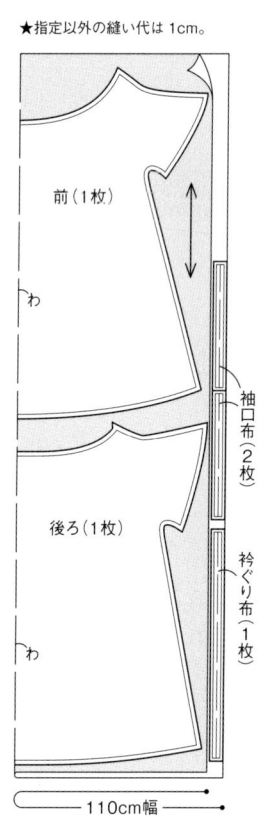

● 縫い方順序
1　肩を縫って、縫い代を後ろ側に倒す
2　衿ぐりにギャザーを寄せて、衿ぐり布をつける（→p.47） 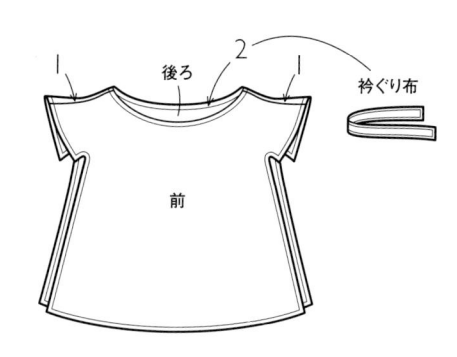
3　袖下と脇を縫う（→p.47）
4　袖口にギャザーを寄せて、袖口布をつける
5　裾を三つ折りにして縫う

衿ぐり布、袖口布の作り方
①外表に半分に折る
②いったん開いて出来上りに折る
③端を縫い合わせて輪にし、縫い代は割る

出来上り寸法　(cm)

名称＼サイズ	9	11	13
バスト	147.8	150.8	153.8
着丈	88	88	88
袖丈（SPから）	17.8	18.3	18.8

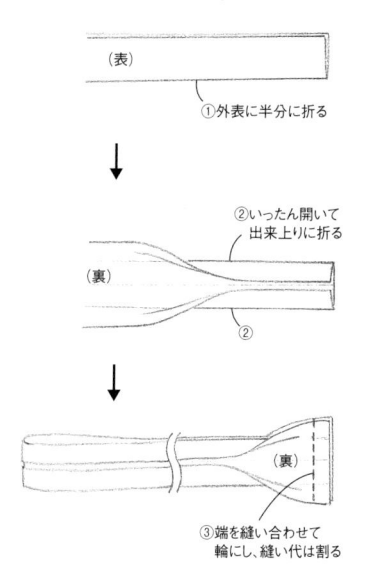

2 衿ぐりにギャザーを寄せて、衿ぐり布をつける

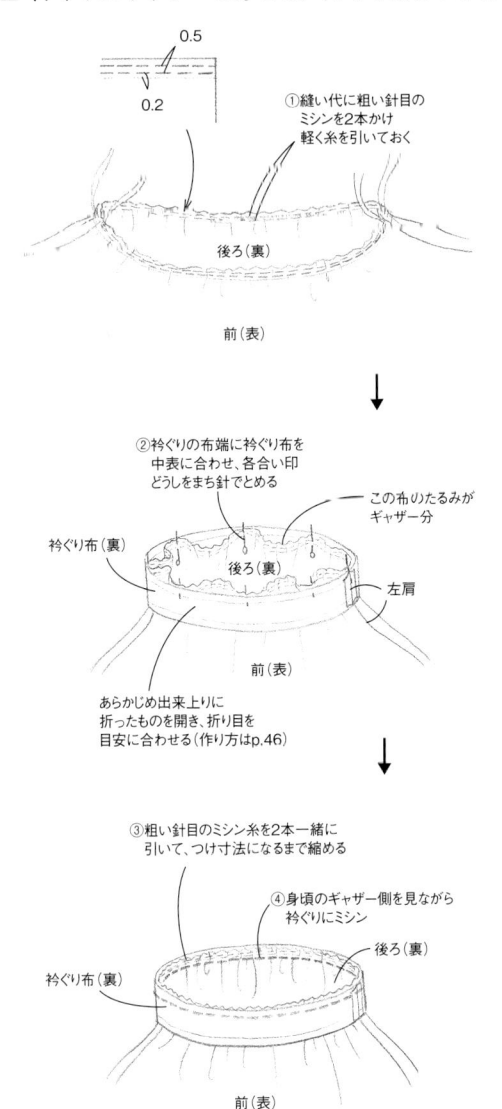

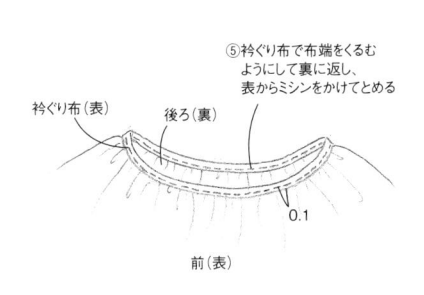

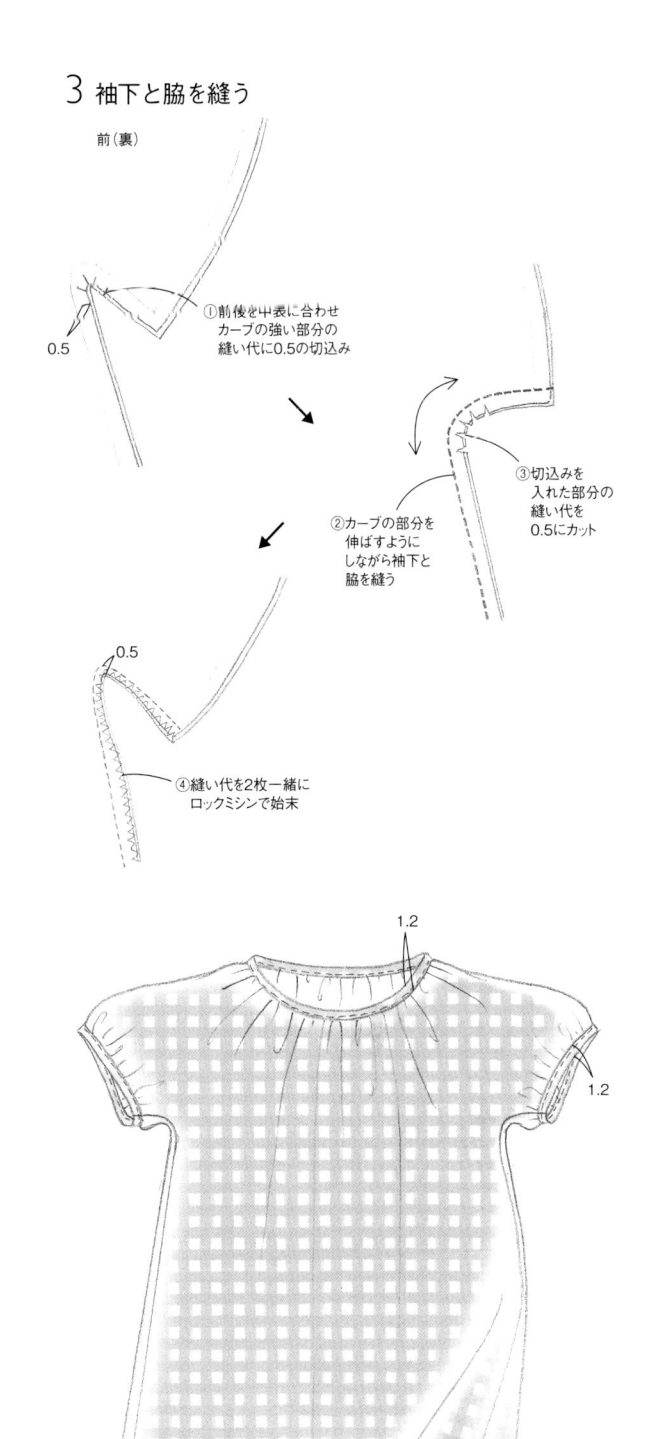

① 縫い代に粗い針目のミシンを2本かけ軽く糸を引いておく

② 衿ぐりの布端に衿ぐり布を中表に合わせ、各合い印どうしをまち針でとめる

この布のたるみがギャザー分

あらかじめ出来上りに折ったものを開き、折り目を目安に合わせる（作り方はp.46）

③ 粗い針目のミシン糸を2本一緒に引いて、つけ寸法になるまで縮める

④ 身頃のギャザー側を見ながら衿ぐりにミシン

⑤ 衿ぐり布で布端をくるむようにして裏に返し、表からミシンをかけてとめる

3 袖下と脇を縫う

① 前後を中表に合わせカーブの強い部分の縫い代に0.5の切込み

② カーブの部分を伸ばすようにしながら袖下と脇を縫う

③ 切込みを入れた部分の縫い代を0.5にカット

④ 縫い代を2枚一緒にロックミシンで始末

g

ローウエストで切り替えて
（作品12ページ）

● 必要なパターン（B面）
前、前裾、後ろ、袖、前衿ぐり見返し、後ろ衿ぐり見返し、袋布

● 材料
表布（コットン）156cm幅 1.1m
接着芯（衿ぐり見返し）90cm幅 20cm
接着テープ（ファスナーつけ位置）1.5cm幅を1.1m
ファスナー長さ50cmを1本
スプリングホック1組み

● 裁合せ図
表布

★指定以外の縫い代は1cm。
▨は裏に接着芯、接着テープをはる

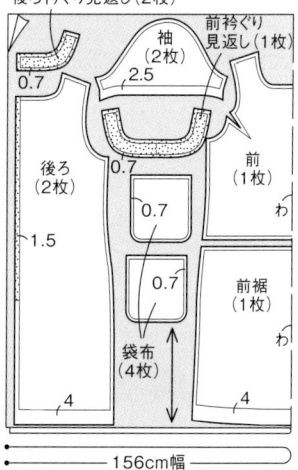

● 縫い方順序
＜縫う前の準備＞
衿ぐり見返しの裏面に接着芯、ファスナーつけ位置の縫い代裏面に接着テープをそれぞれはる

1　ダーツを縫う（→p.49）
2　前切替え線を縫って、ポケットを作る（→p.49） 
3　身頃の肩を縫って、縫い代を後ろ側に倒す
4　衿ぐり見返しの肩を縫う（→p.49）
5　身頃に見返しを合わせて、衿ぐりを縫う（→p.50）
6　後ろ中心を縫って、ファスナーをつける（→p.50～51） 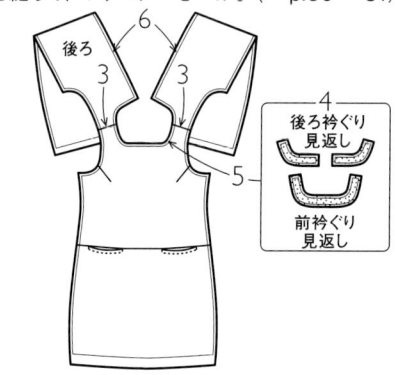
7　衿ぐりにステッチをかけて見返しをとめる
8　脇を縫って、縫い代を後ろ側に倒す
9　袖下を縫って、縫い代を後ろ側に倒す
10　袖口を三つ折りにして縫う
11　身頃に袖をつける（→p.51）
12　裾を三つ折りにして縫う
13　スプリングホックをつける

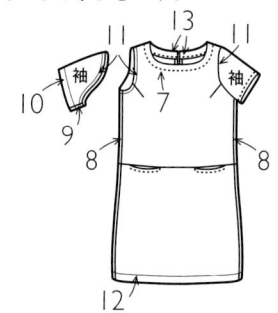

出来上り寸法 (cm)

名称＼サイズ	9	11	13
バスト	92	95	98
ウエスト	92	95	98
ヒップ	100	103	106
背肩幅	35.4	36.2	37
着丈	90	90	90
袖丈	17.1	17.3	17.5

1 ダーツを縫う

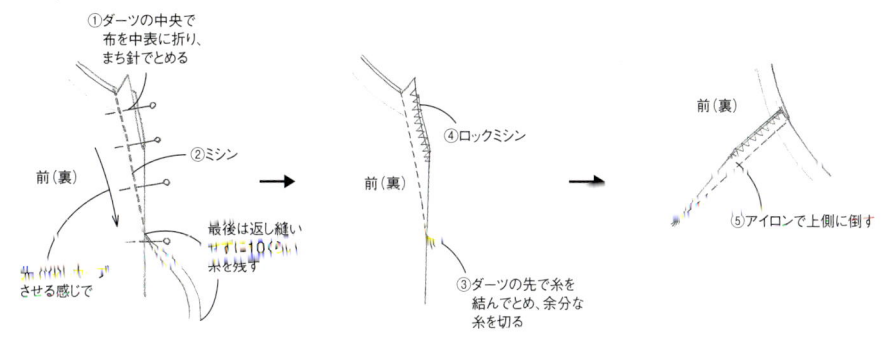

①ダーツの中央で布を中表に折り、まち針でとめる
②ミシン
最後は返し縫いさせる感じで10cmくらい糸を残す
③ダーツの先で糸を結んでとめ、余分な糸を切る
④ロックミシン
⑤アイロンで上側に倒す

2 前切替え線を縫って、ポケットを作る

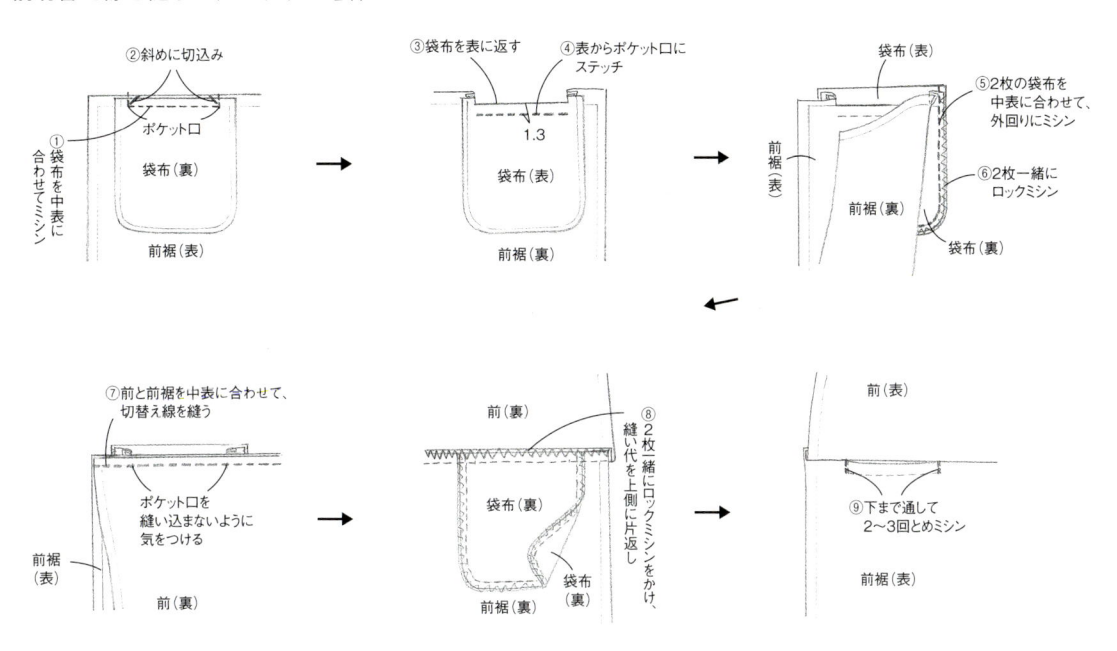

①袋布を中表に合わせてミシン
②斜めに切込み
ポケット口
袋布（裏）
前裾（表）

③袋布を表に返す
④表からポケット口にステッチ
1.3
袋布（表）
前裾（裏）

⑤2枚の袋布を中表に合わせて、外回りにミシン
⑥2枚一緒にロックミシン
袋布（表）
前裾（裏）
袋布（裏）

⑦前と前裾を中表に合わせて、切替え線を縫う
ポケット口を縫い込まないように気をつける
前裾（表）
前（裏）

⑧2枚一緒にロックミシンをかけ、縫い代を上側に片返し
前（裏）
袋布（裏）
前裾（裏）
袋布（裏）

⑨下まで通して2～3回とめミシン
前（表）
前裾（表）

4 衿ぐり見返しの肩を縫う

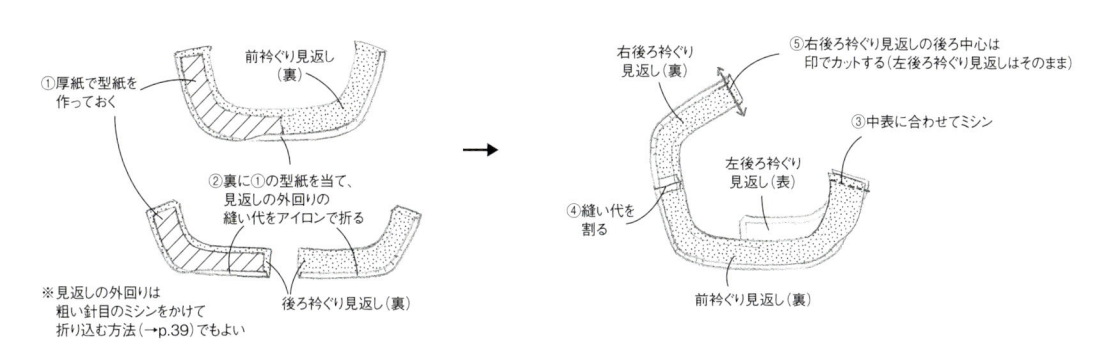

①厚紙で型紙を作っておく
前衿ぐり見返し（裏）
②裏に①の型紙を当て、見返しの外回りの縫い代をアイロンで折る
後ろ衿ぐり見返し（裏）
※見返しの外回りは粗い針目のミシンをかけ折り込む方法（→p.39）でもよい

⑤右後ろ衿ぐり見返しの後ろ中心は印でカットする（左後ろ衿ぐり見返しはそのまま）
右後ろ衿ぐり見返し（裏）
左後ろ衿ぐり見返し（表）
③中表に合わせてミシン
④縫い代を割る
前衿ぐり見返し（裏）

5 身頃に見返しを合わせて、衿ぐりを縫う

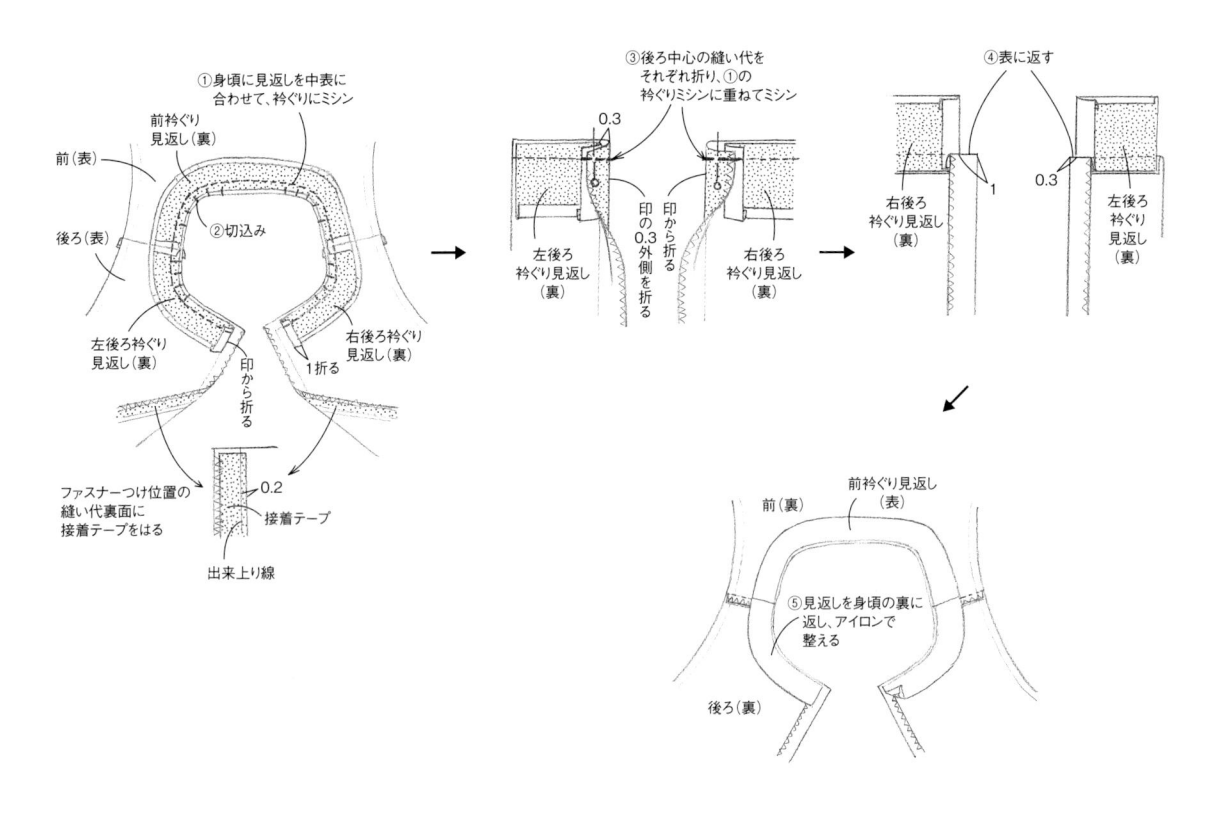

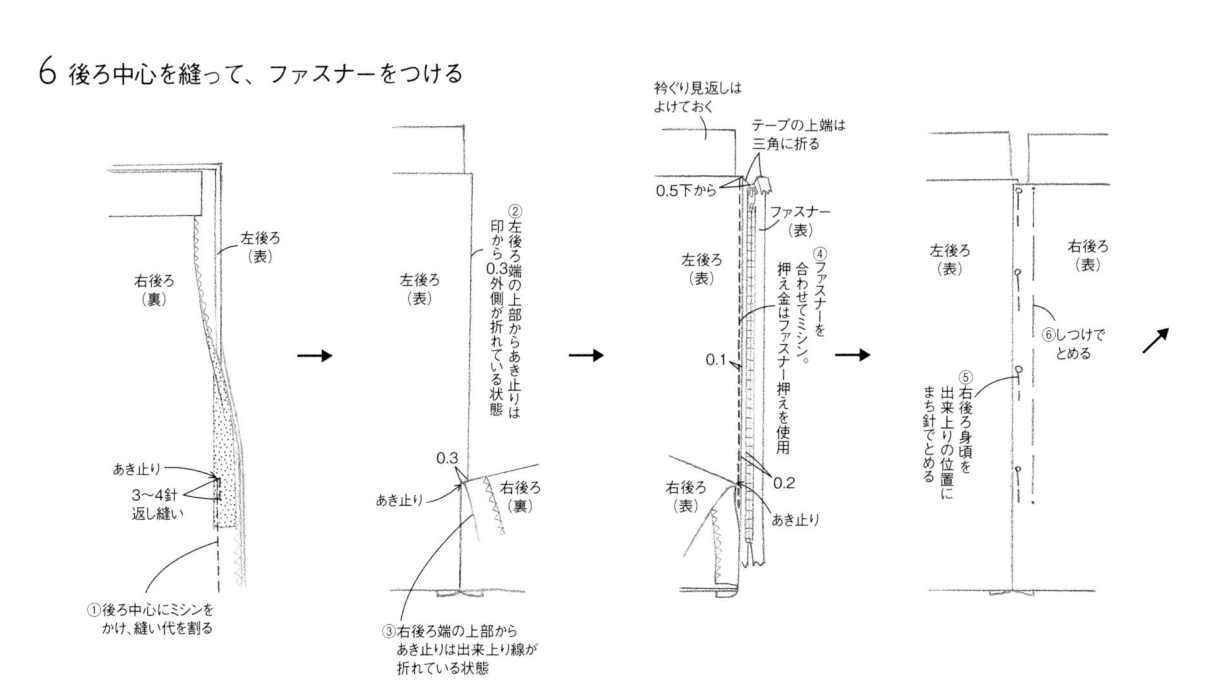

①身頃に見返しを中表に合わせて、衿ぐりにミシン
前衿ぐり見返し(裏)
前(表)
後ろ(表)
②切込み
左後ろ衿ぐり見返し(裏)
右後ろ衿ぐり見返し(裏)
1折る
印から折る
ファスナーつけ位置の縫い代裏面に接着テープをはる
0.2
接着テープ
出来上り線

③後ろ中心の縫い代をそれぞれ折り、①の衿ぐりミシンに重ねてミシン
0.3
左後ろ衿ぐり見返し(裏)
右後ろ衿ぐり見返し(裏)
印から0.3外側を折る

④表に返す
右後ろ衿ぐり見返し(裏)
1
0.3
左後ろ衿ぐり見返し(裏)

前衿ぐり見返し(表)
前(裏)
⑤見返しを身頃の裏に返し、アイロンで整える
後ろ(裏)

6 後ろ中心を縫って、ファスナーをつける

右後ろ(裏)
左後ろ(表)
あき止り
3〜4針返し縫い
①後ろ中心にミシンをかけ、縫い代を割る

左後ろ(表)
②左後ろ端の上部からあき止りは印から0.3外側が折れている状態
0.3
あき止り
右後ろ(裏)
③右後ろ端の上部からあき止りは出来上り線が折れている状態

衿ぐり見返しはよけておく
テープの上端は三角に折る
0.5下から
ファスナー(表)
左後ろ(表)
0.1
右後ろ(表)
0.2
あき止り
④ファスナーを合わせてミシン。押え金はファスナー押えを使用

左後ろ(表)
右後ろ(表)
⑥しつけでとめる
⑤右後ろ身頃を出来上りの位置にまち針でとめる

6の続き

左後ろ（表）　右後ろ

1

あき止り
返し縫い

⑦ミシンでファスナーをとめる。押え金はファスナー押えを使用

⑧衿ぐり見返しを身頃の裏に返し、ステッチでとめる
⑨ファスナー土台布にまつる

右後ろ　左後ろ（裏）

スプリングホック

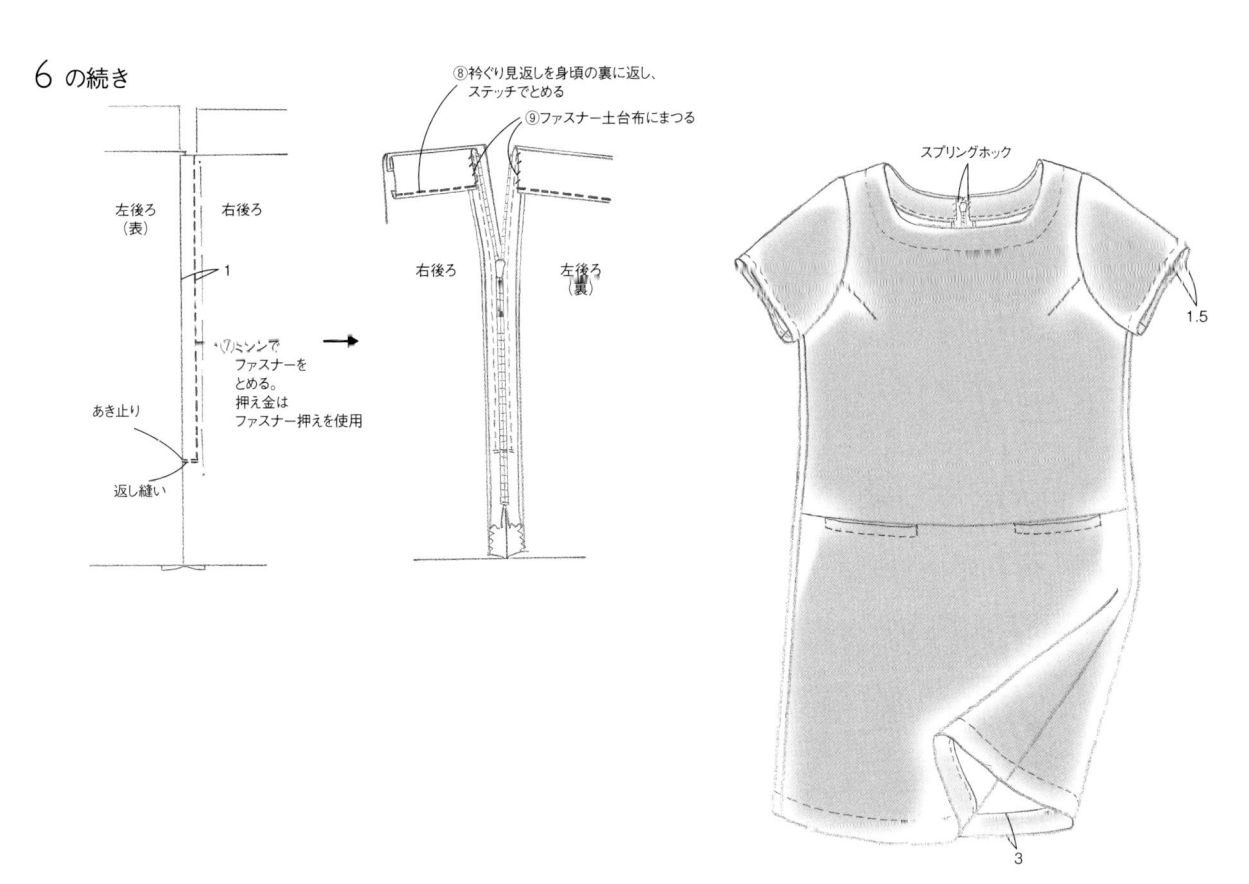

1.5

3

11 身頃に袖をつける

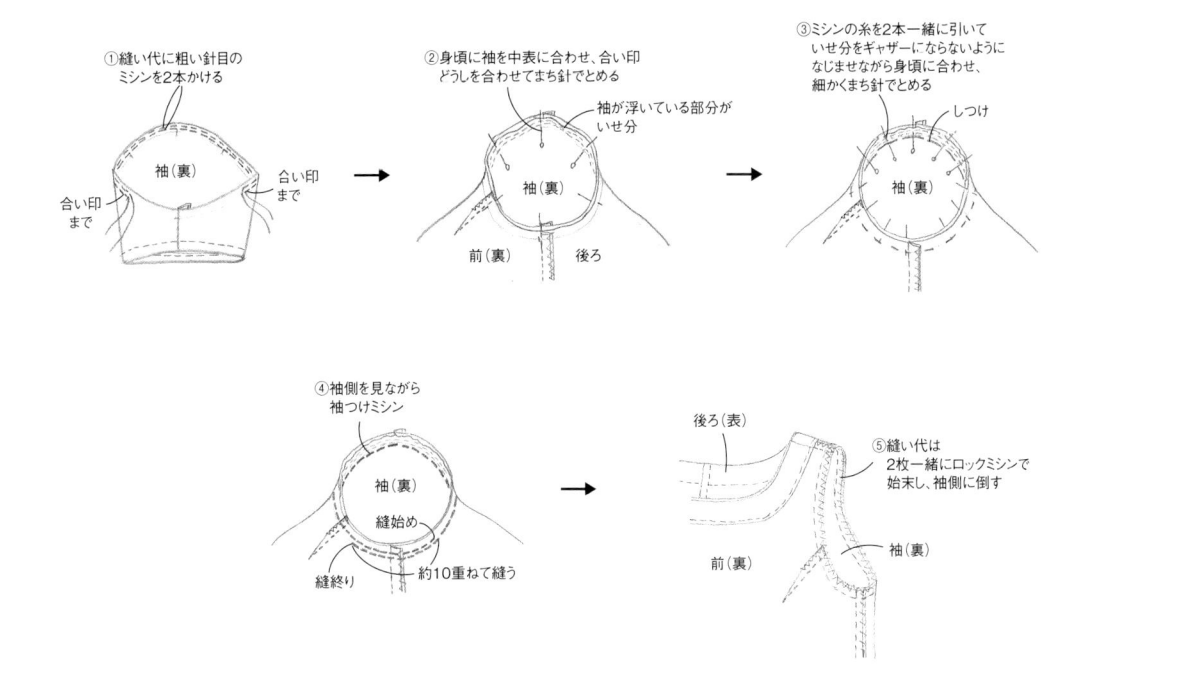

①縫い代に粗い針目のミシンを2本かける

袖（裏）
合い印まで　合い印まで

②身頃に袖を中表に合わせ、合い印どうしを合わせてまち針でとめる

袖が浮いている部分がいせ分

袖（裏）
前（裏）　後ろ

③ミシンの糸を2本一緒に引いていせ分をギャザーにならないようになじませながら身頃に合わせ、細かくまち針でとめる

しつけ
袖（裏）

④袖側を見ながら袖つけミシン

袖（裏）
縫始め
縫終り　約10重ねて縫う

後ろ（表）

⑤縫い代は2枚一緒にロックミシンで始末し、袖側に倒す

前（裏）　袖（裏）

51

h

ボーダーのサックドレス
（作品13ページ）

● 必要なパターン（D面）
前、後ろ、前見返し、後ろ見返し

● 材料
表布（麻とレーヨンの混紡）152cm幅 1.3m
接着芯（見返し）90cm幅 40cm
接着テープ（衿ぐり、袖ぐり）1cm幅を1.9m
ボタン直径1cmを1個

● 柄合せのポイント
ここで使われている7cm幅のボーダー柄は、脇で柄がきれいに続くように柄合せをします。最初に前身頃のポイントになる柄の位置（①）を決めて、布に配置します。次に前身頃の袖ぐり底点からの水平線（②）の柄に合わせて、後ろ身頃を配置します（③）。前後見返しも同様に身頃の柄に合わせる（④）と、仕上りがきれいになります。

● 裁合せ図　表布
★指定以外の縫い代は1cm。
▦は裏に接着芯、接着テープをはる

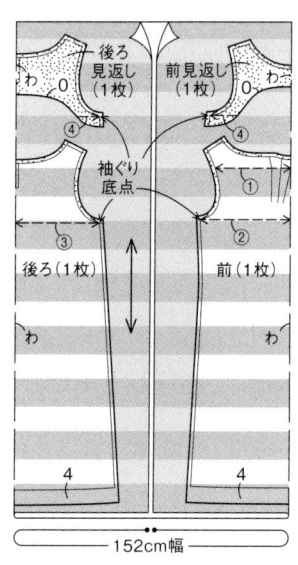

● 縫い方順序
＜縫う前の準備＞
見返しの裏面に接着芯、身頃裏面の衿ぐりと袖ぐりに出来上り線にかぶるように接着テープをそれぞれはる

1　前身頃のタックを縫う（→p.53）
2　身頃の肩を縫って、縫い代を割る
3　見返しの肩を縫って、縫い代を割る
4　身頃に見返しを合わせて、衿ぐりと後ろあきを縫う（→p.53）
5　袖ぐりを縫う（→p.44〜45） 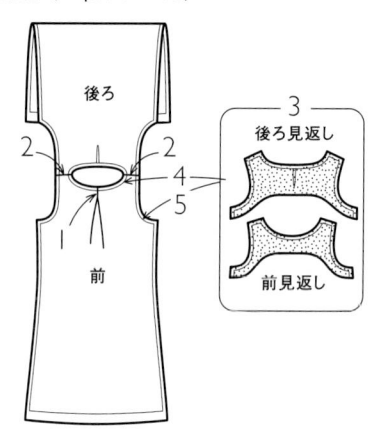
6　身頃と見返しの脇を縫う（→p.45） 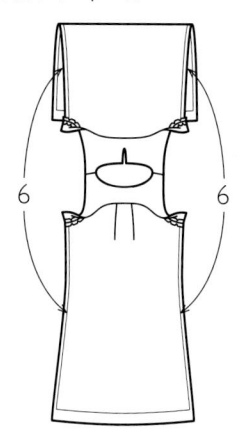
7　裾を折ってまつる
8　後ろあきに糸ループ（→p.53）とボタンをつける

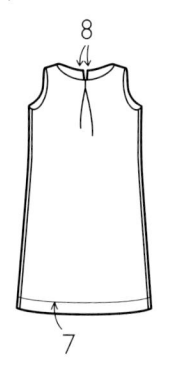

出来上り寸法　(cm)

名称＼サイズ	9	11	13
バスト	95.8	98.8	101.8
ウエスト	96.4	99.4	102.4
ヒップ	101	104	107
背肩幅	35.6	36.4	37.2
着丈	87	87	87

1 前身頃のタックを縫う

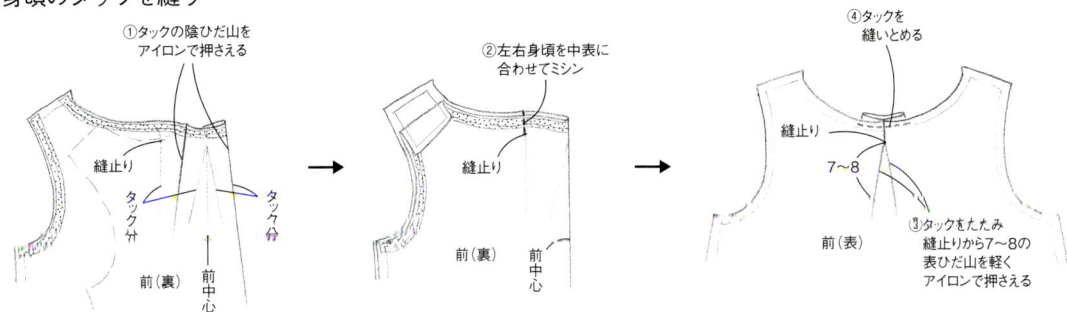

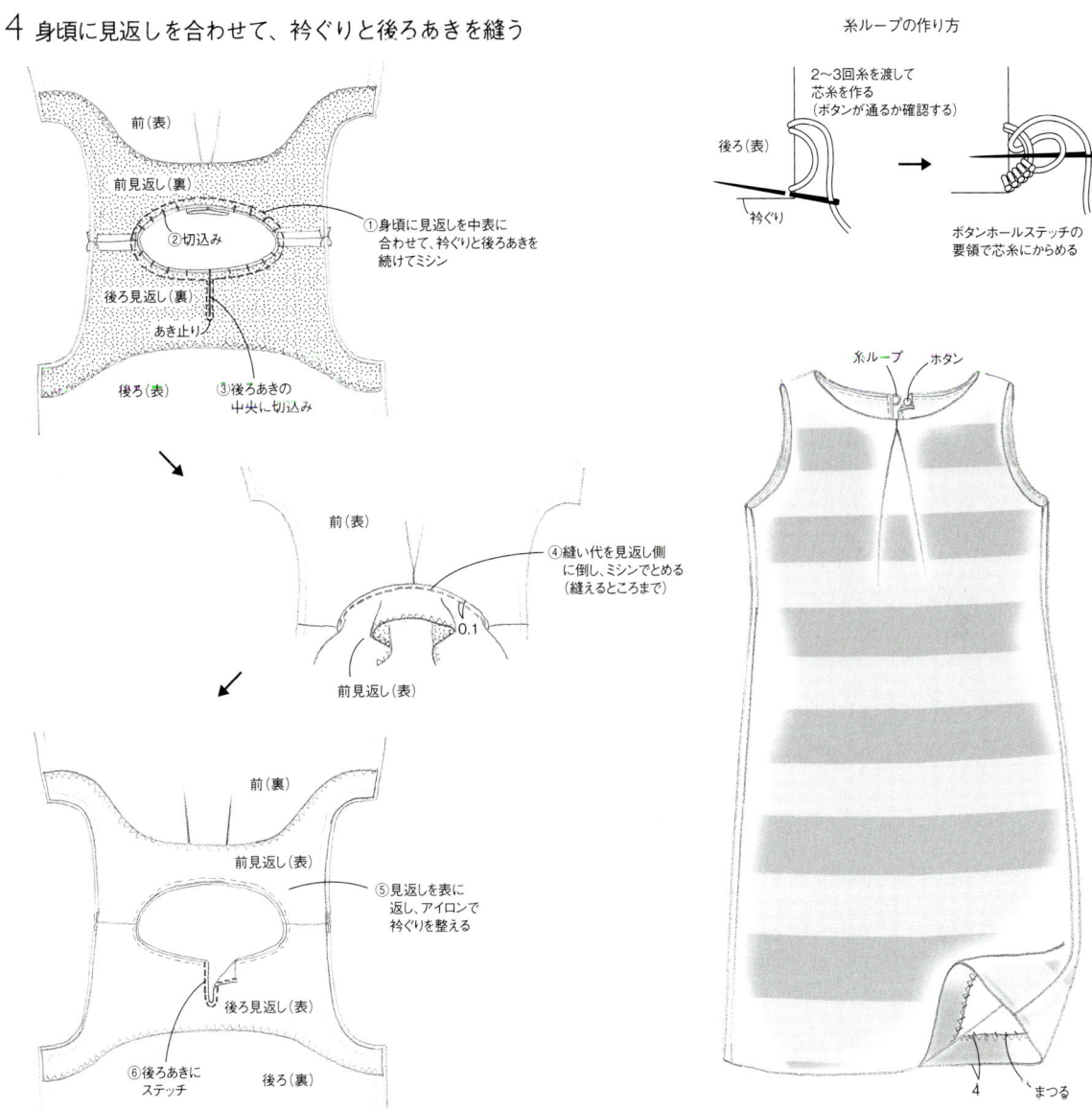

① タックの陰ひだ山をアイロンで押さえる
② 左右身頃を中表に合わせてミシン
③ タックをたたみ縫止りから7〜8の表ひだ山を軽くアイロンで押さえる
④ タックを縫いとめる

縫止り
タック分
前(裏)
前中心
7〜8
前(表)

4 身頃に見返しを合わせて、衿ぐりと後ろあきを縫う

① 身頃に見返しを中表に合わせて、衿ぐりと後ろあきを続けてミシン
② 切込み
③ 後ろあきの中央に切込み
あき止り

前(表)
前見返し(裏)
後ろ見返し(裏)
後ろ(表)

④ 縫い代を見返し側に倒し、ミシンでとめる（縫えるところまで）
0.1
前見返し(表)

⑤ 見返しを表に返し、アイロンで衿ぐりを整える
⑥ 後ろあきにステッチ
前(裏)
前見返し(表)
後ろ見返し(表)
後ろ(裏)

糸ループの作り方

2〜3回糸を渡して芯糸を作る（ボタンが通るか確認する）
後ろ(表)
衿ぐり
ボタンホールステッチの要領で芯糸にからめる

糸ループ　ボタン
4
まつる

i

レースを使ったコートドレス
(作品14ページ)

● 必要なパターン(A面)
前1、前2、前3、後ろ1、後ろ2、後ろ3、袖、衿、袋布

● 材料
表布(コットンとレーヨンの混紡) 120cm幅 1.8m
別布(レース) 115cm幅 80cm
接着芯(前見返し、表衿) 90cm幅 70cm
接着テープ(前ポケット口) 1cm幅 35cm
ゴムテープ 1.5cm幅を46cm
ボタン直径1.3cmを9個

● 裁合せ図

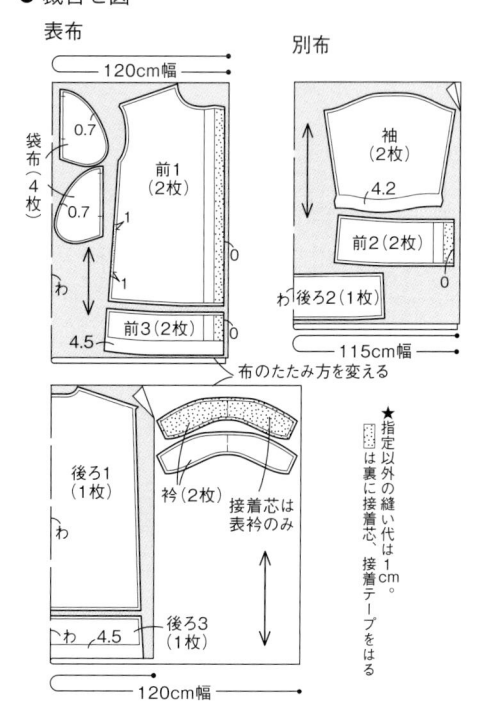

★指定以外の縫い代は1cm。
▨は裏に接着芯、接着テープをはる

出来上り寸法 (cm)

名称 \ サイズ	9	11	13
バスト	110	113	116
背肩幅	55.8	57.3	58.8
着丈	91	91	91
袖丈	32.5	32.6	32.7

● 縫い方順序
<縫う前の準備>
前身頃1、2、3の見返しと表衿の裏面に接着芯、前身頃のポケット口の縫い代裏面に接着テープをそれぞれはる

1 前身頃1、2、3を縫い合わせる(→ p.55)
2 後ろ身頃1、2、3を縫い合わせる
3 肩を縫って、縫い代を後ろ側に倒す

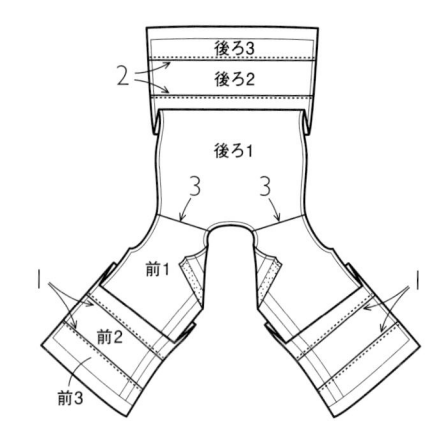

4 脇を縫って、ポケットを作る(→ p.55)
5 前端を折る(→ p.56)
6 衿を作る(→ p.56)
7 衿をつける(→ p.56)

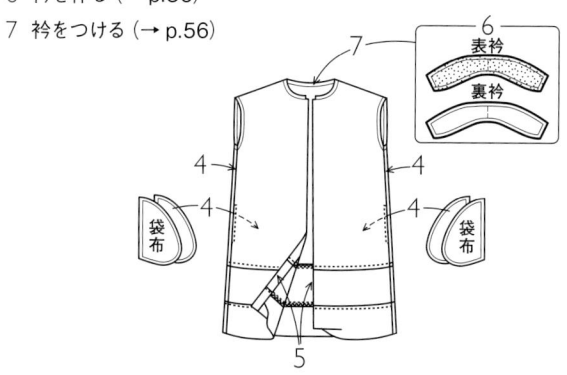

8 袖下を縫う(→ p.56)
9 袖口を三つ折りにして縫い、ゴムテープを通す(→ p.57)
10 袖にギャザーを寄せて、身頃につける(→ p.57)
11 裾を折ってまつる
12 ボタンホールを作って、ボタンをつける

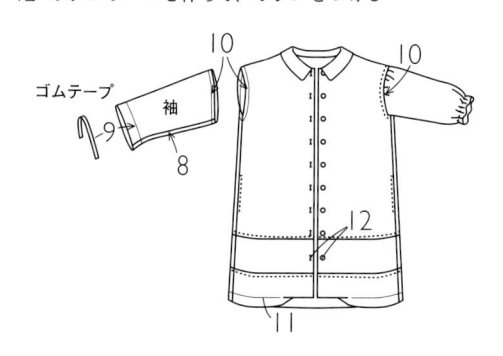

1 前身頃1、2、3を縫い合わせる

① 前3と前2、前2と前1を それぞれ縫い合わせる
② 2枚一緒にロックミシンで始末
③ 縫い代を表布側に倒して、表からステッチ

4 脇を縫って、ポケットを作る

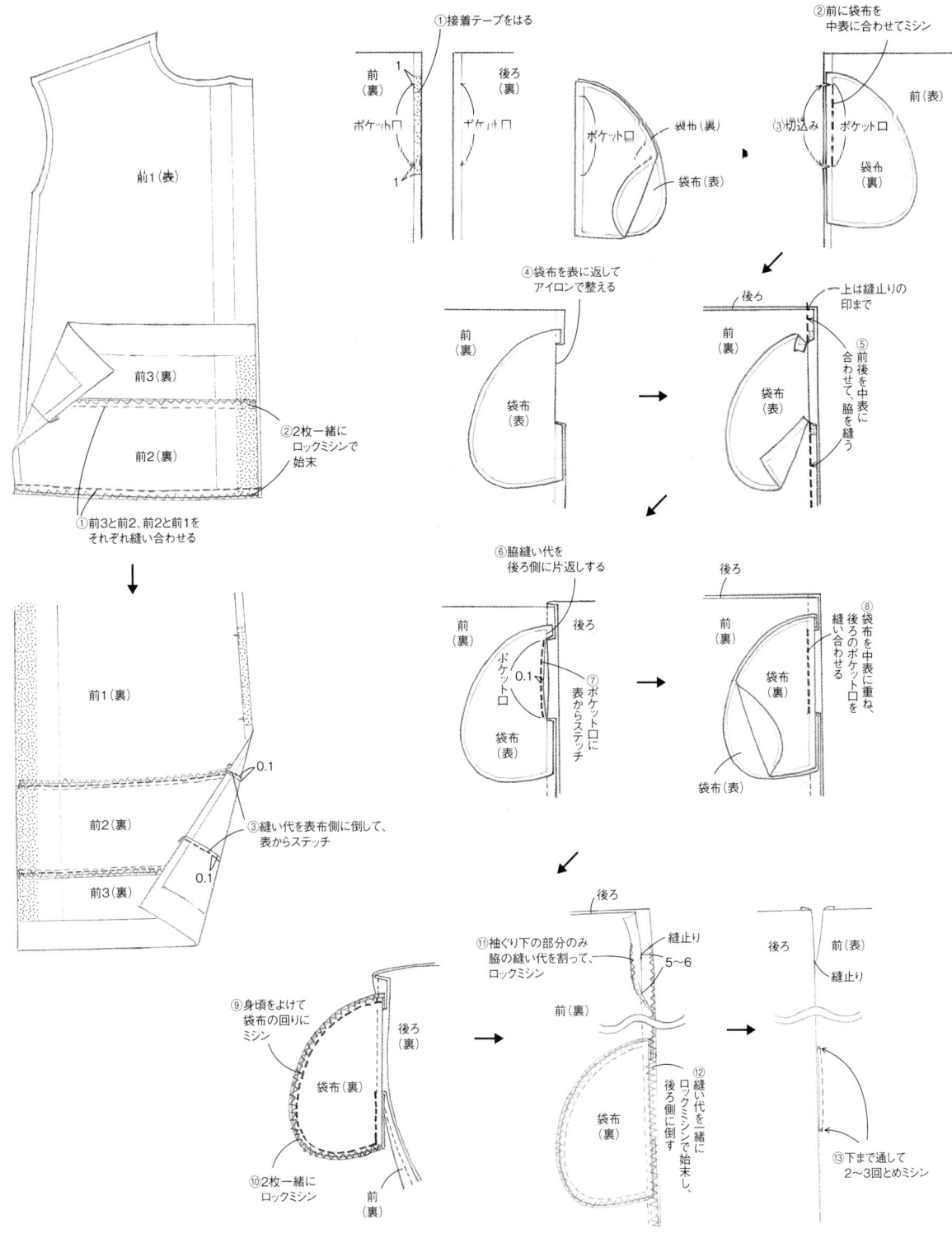

① 接着テープをはる
② 前に袋布を中表に合わせてミシン
③ 切込み
④ 袋布を表に返してアイロンで整える
⑤ 前後を中表に合わせて、脇を縫う（上は縫止りの印まで）
⑥ 脇縫い代を後ろ側に片返しする
⑦ ポケット口に表からステッチ
⑧ 袋布を中表に重ね、後ろのポケット口を縫い合わせる
⑨ 身頃をよけて袋布の回りにミシン
⑩ 2枚一緒にロックミシン
⑪ 袖ぐり下の部分のみ脇の縫い代を割って、ロックミシン
⑫ 縫い代を一緒にロックミシンで始末し、後ろ側に倒す
⑬ 下まで通して2〜3回とめミシン

5 前端を折る

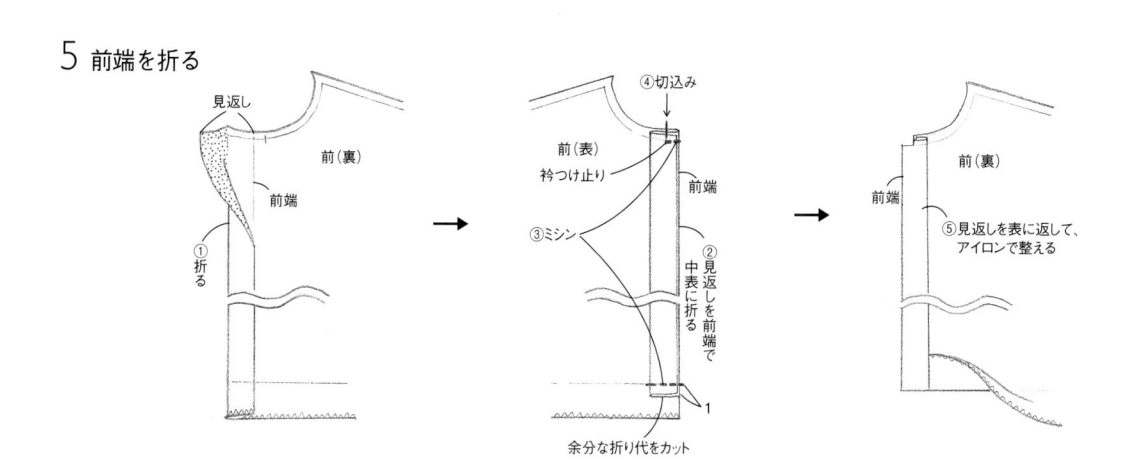

①折る
見返し
前端
前(裏)

④切込み
前(表)
衿つけ止り
③ミシン
②見返しを前端で中表に折る
前端
1
余分な折り代をカット

⑤見返しを表に返して、アイロンで整える
前端
前(裏)

6 衿を作る

①表衿と裏衿を中表に合わせてミシン
表衿の裏に接着芯をはる
裏衿(裏)
表衿(裏)
印まで

②縫い代をミシン目の際から表衿側に折る
表衿(裏)

③表に返して、アイロンで整える
表衿(表)
裏衿

7 衿をつける

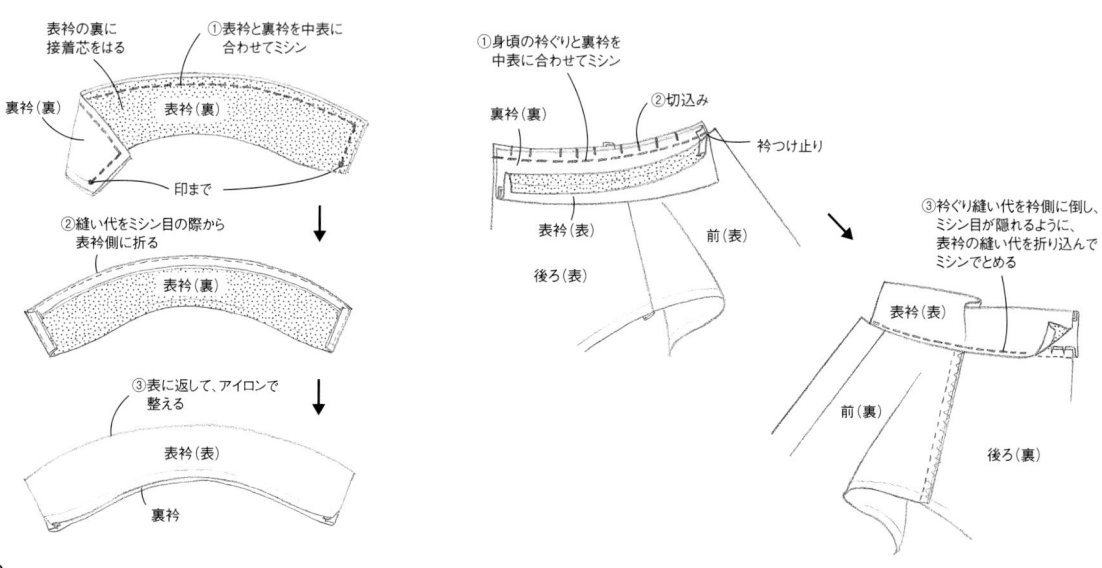

①身頃の衿ぐりと裏衿を中表に合わせてミシン
裏衿(裏)
②切込み
衿つけ止り
表衿(表)
前(表)
後ろ(表)

③衿ぐり縫い代を衿側に倒し、ミシン目が隠れるように、表衿の縫い代を折り込んでミシンでとめる
表衿(表)
前(裏)
後ろ(裏)

8 袖下を縫う

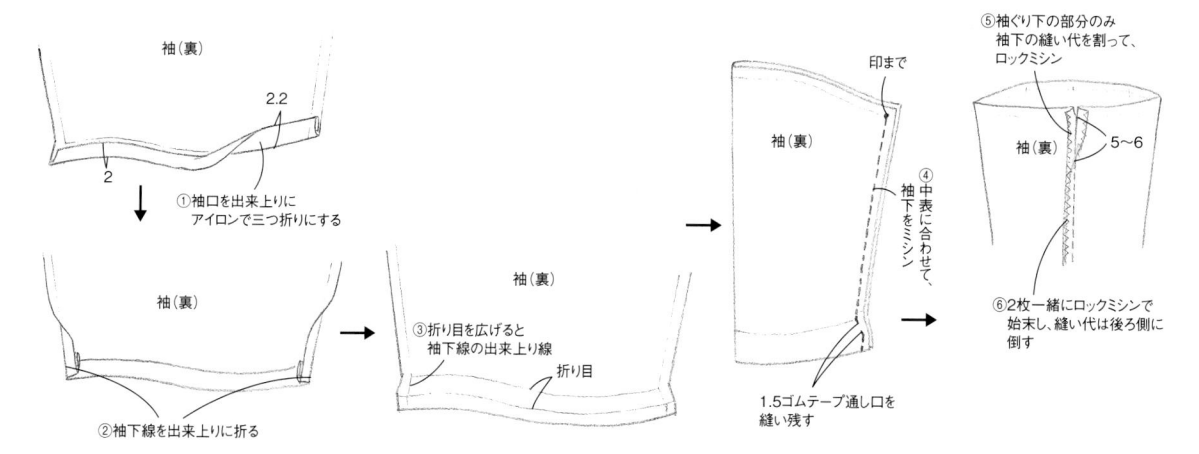

袖(裏)
2.2
2
①袖口を出来上りにアイロンで三つ折りにする

袖(裏)
②袖下線を出来上りに折る

袖(裏)
③折り目を広げると袖下線の出来上り線
折り目

袖(裏)
印まで
④中表に合わせて、袖下をミシン
1.5ゴムテープ通し口を縫い残す

⑤袖ぐり下の部分のみ袖下の縫い代を割って、ロックミシン
袖(裏)
5〜6
⑥2枚一緒にロックミシンで始末し、縫い代は後ろ側に倒す

9 袖口を三つ折りにして縫い、ゴムテープを通す

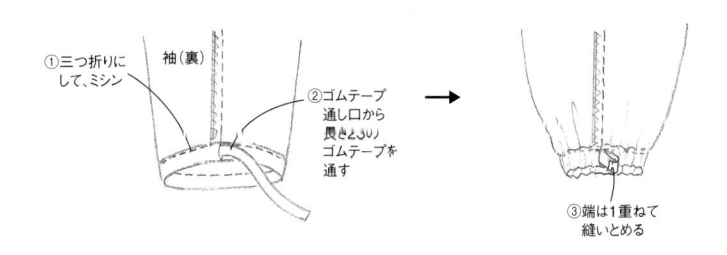

①三つ折りにして、ミシン
袖(裏)
②ゴムテープ通し口から長さよりゴムテープを通す
③端は1重ねて縫いとめる

10 袖にギャザーを寄せて、身頃につける

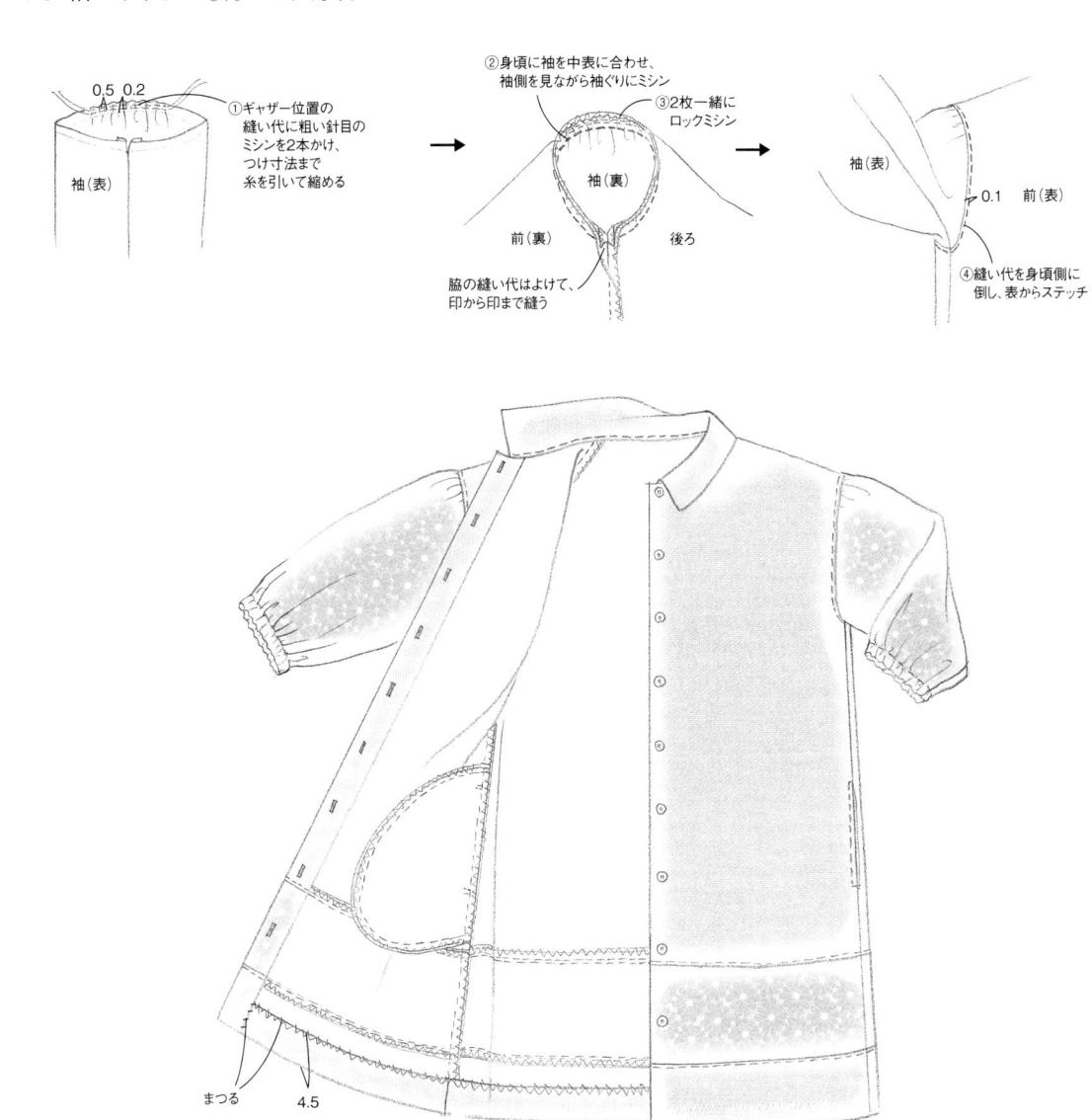

0.5 0.2
①ギャザー位置の縫い代に粗い針目のミシンを2本かけ、つけ寸法まで糸を引いて締める
袖(表)

②身頃に袖を中表に合わせ、袖側を見ながら袖ぐりにミシン
③2枚一緒にロックミシン
袖(裏)
前(裏)　後ろ
脇の縫い代はよけて、印から印まで縫う

袖(表)
0.1　前(表)
④縫い代を身頃側に倒し、表からステッチ

まつる　4.5

j

小花プリントのスモック
（作品 16 ページ）

● **必要なパターン**（C 面）
前、後ろ、袖、衿、前あき布、カフス
※リボンは、裁合せ図で示した寸法を直接布地にしるして裁つ

● **材料**
表布（コットンローン）112cm幅 1.8 m
接着芯（衿、カフス）90cm幅 60cm

● **裁合せ図**
表布

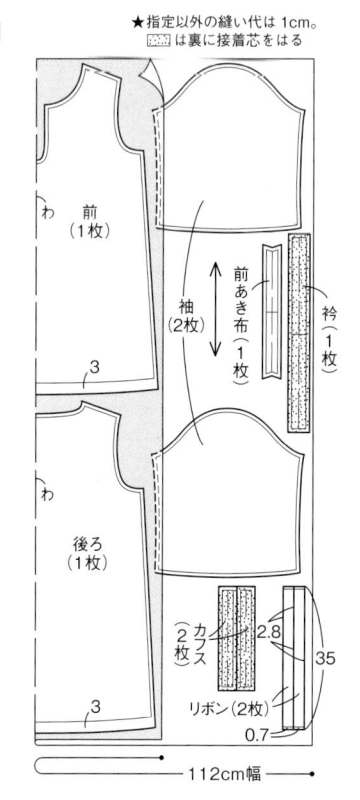

★指定以外の縫い代は 1cm。
▓▓ は裏に接着芯をはる

● **縫い方順序**
＜縫う前の準備＞
衿、カフスの裏面に接着芯をはる

1 前あきを作る（→ p.59）
2 肩を縫って、縫い代を後ろ側に倒す

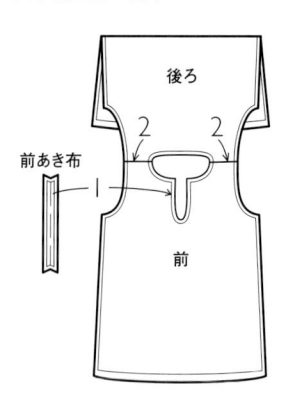

3 衿とリボンをつける（→ p.59）
4 脇を縫って、縫い代を後ろ側に倒す

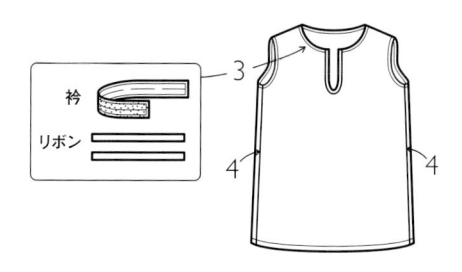

5 袖下を縫う
6 袖口にギャザーを寄せて、カフスをつける（→ p.47）
7 身頃に袖をつける（→ p.77）
8 裾を三つ折りにして縫う

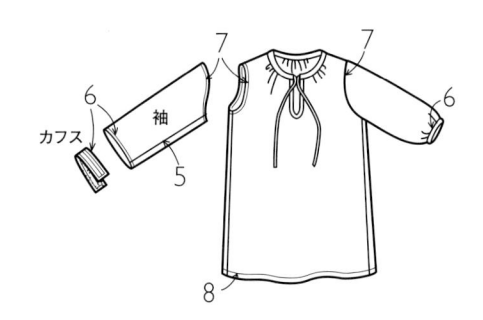

出来上り寸法 (cm)

名称＼サイズ	9	11	13
バスト	116	119	122
背肩幅	44.5	45.3	46.1
着丈	80	80	80
袖丈	43.7	43.9	44.1

1 前あきを作る

- 前あき布(裏)
- ①出来上りにアイロンで折っておく
- ②前あき布を右あき部分に中表に合わせてまち針でとめる
- 右前(表)
- ③ミシンをかけあき止りでいったん糸を切る
- 前あき布(裏)
- あき止り
- ④身頃のカーブ部分の縫い代にのみ切込み
- 右前(裏)
- あき止り
- ⑤左あき部分を広げ、前あき布を中表に合わせてまち針でとめる
- 右前(表)
- ⑥ミシン
- 前あき布(裏)
- 左前
- 右前(裏)
- あき止り
- ⑦身頃のカーブ部分の縫い代にのみ切込み
- 左前
- 左前(表)
- 0.1
- ⑧前あき布で布端をくるむようにして裏に返す
- ⑨あき部分をまっすぐにしてミシン
- 前(表)

3 衿とリボンをつける

- ①縫い代に粗い針目のミシンを2本かけ、つけ寸法まで糸を引いて縮める
- 0.5　0.2
- 衿つけ止り
- 後ろ　前(表)

- ②身頃衿ぐりに衿を中表に合わせて衿つけミシン
- 衿つけ止り
- 衿(裏)
- 後ろ　前(表)

- ③衿を表に返し、前端縫い代にリボンを仮どめ
- 衿(表)
- 0.7
- 前(表)
- 端も0.7折り込む
- リボンはアイロンで四つ折りにしてステッチ(→p.40参照)

- ④衿を中表に折り、前端にミシン
- 衿(裏)
- 前(表)

- ⑤衿を表に返し、ミシンでとめる
- 0.1
- 衿(表)
- 前　後ろ(裏)

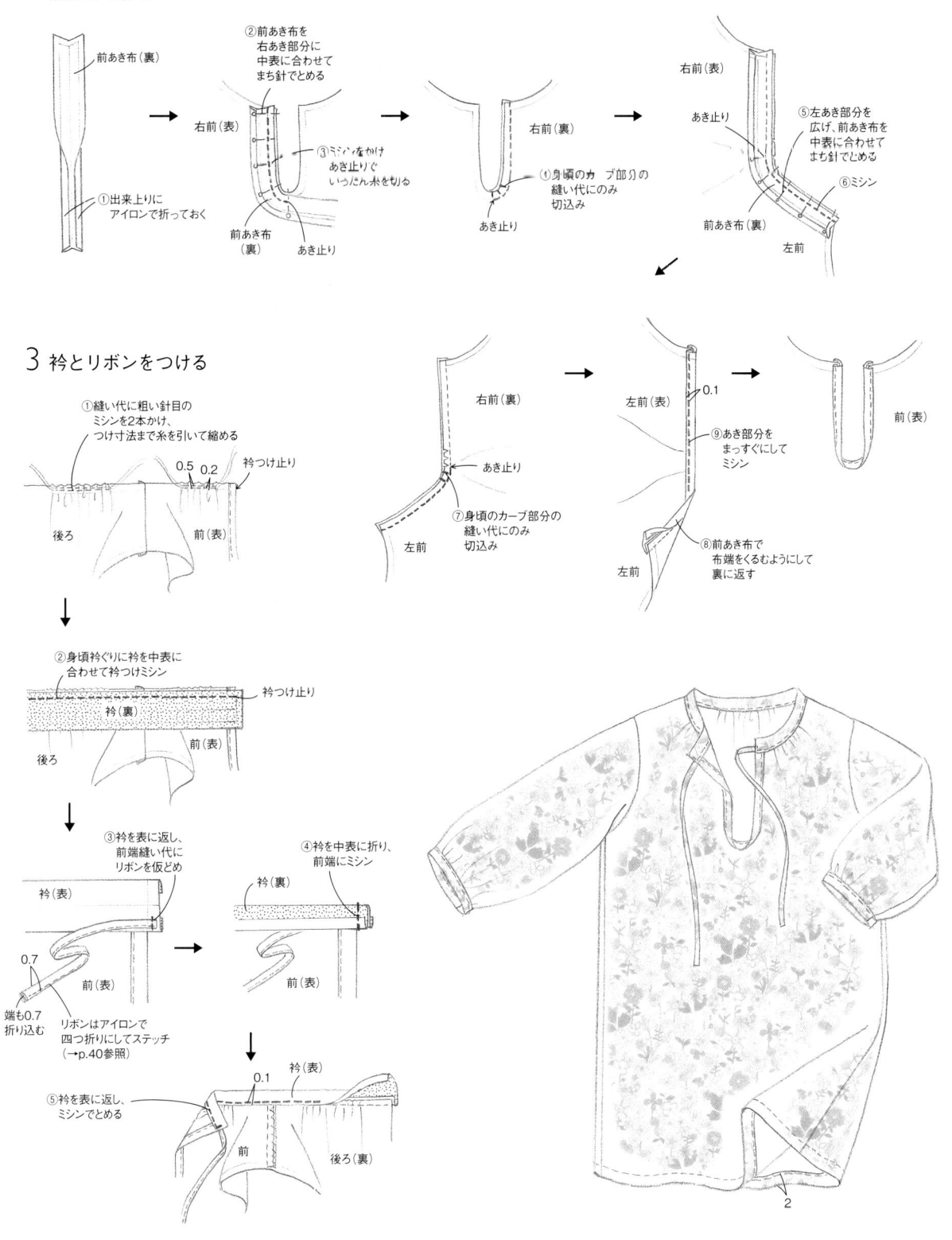

2

k

紺色チェックのワンピース
(作品17ページ)

- **必要なパターン（C面）**
前、後ろ、袖、前衿ぐり見返し、後ろ衿ぐり見返し
- **材料**
表布（コットン）108㎝幅2m
接着芯（衿ぐり見返し）90㎝幅20㎝
ゴムテープ1㎝幅を62㎝
ボタン直径1.1㎝を1個
- **裁合せのポイント**
裁合せは各パターンを一方向にそろえて並べるのが基本ですが、布幅によっては布に無駄が出てしまうことがあります。そこで無地または布地を逆さにしても変化のない布は、パターン（ここでは袖のパターン）を逆さにして配置するようにします。

- **裁合せ図**
表布

★指定以外の縫い代は1㎝。
▨は裏に接着芯をはる

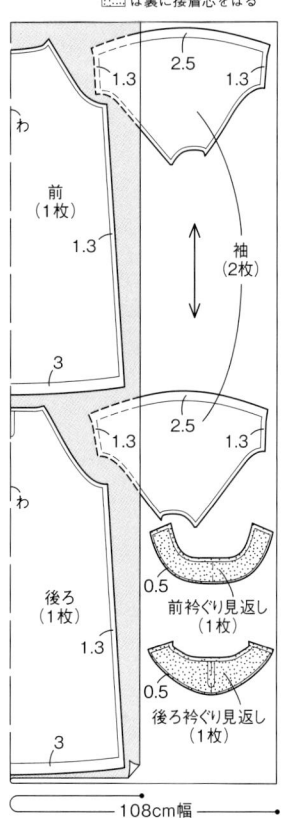

- **縫い方順序**
<縫う前の準備>
衿ぐり見返しの裏面に接着芯をはる

1 脇を縫って、縫い代を割る
2 袖下を縫って、縫い代を割る（→ p.61）
3 袖口を三つ折りにして縫い、ゴムテープを通す（→ p.61）
4 身頃に袖をつける（→ p.61） 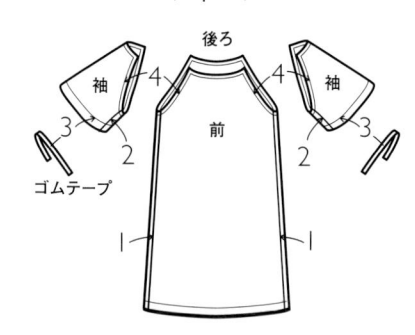
5 見返しの肩を縫う（→ p.61）
6 身頃に見返しを合わせて、衿ぐりと後ろあきを縫う（→ p.61） 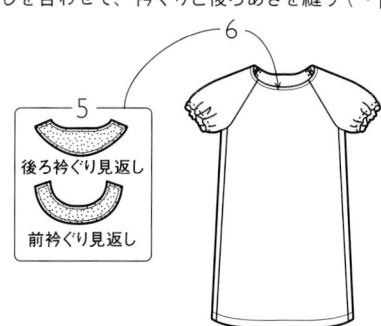
7 裾を折ってまつる
8 糸ループ（→ p.53）と、ボタンをつける

出来上り寸法 (cm)

名称＼サイズ	9	11	13
バスト	100	103	106
着丈	92	92	92
袖丈（SNPから）	28.6	29.2	29.6

2 袖下を縫って、縫い代を割る
3 袖口を三つ折りにして縫い、ゴムテープを通す

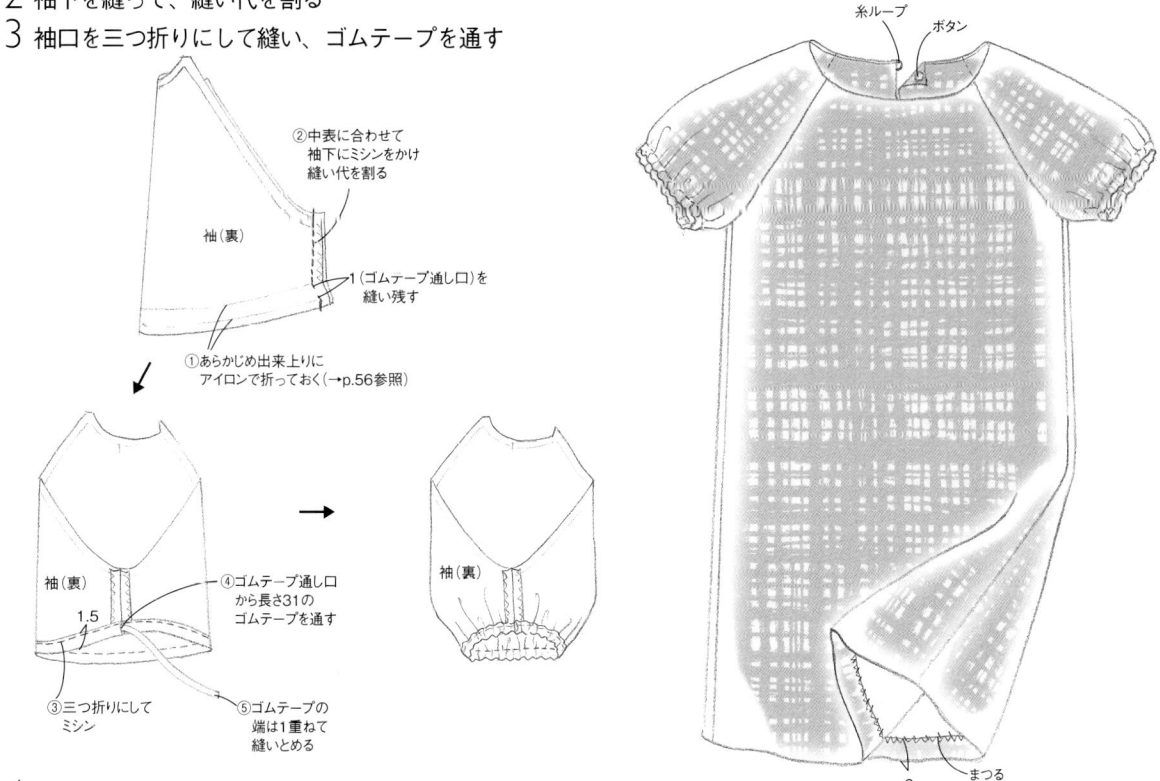

- ②中表に合わせて袖下にミシンをかけ縫い代を割る
- 袖(裏)
- 1(ゴムテープ通し口)を縫い残す
- ①あらかじめ出来上がりにアイロンで折っておく(→p.56参照)

- 袖(裏)
- 1.5
- ③三つ折りにしてミシン
- ④ゴムテープ通し口から長さ31のゴムテープを通す
- ⑤ゴムテープの端は1重ねて縫いとめる
- 袖(裏)

糸ループ　ボタン

3　まつる

4 身頃に袖をつける

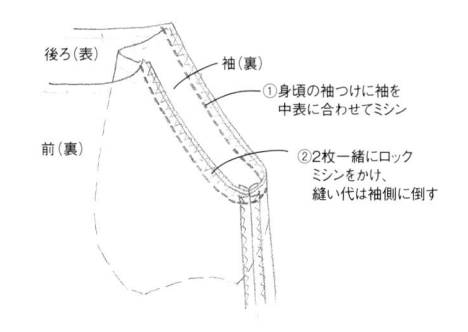

- 後ろ(表)
- 袖(裏)
- 前(裏)
- ①身頃の袖つけに袖を中表に合わせてミシン
- ②2枚一緒にロックミシンをかけ、縫い代は袖側に倒す

5 見返しの肩を縫う

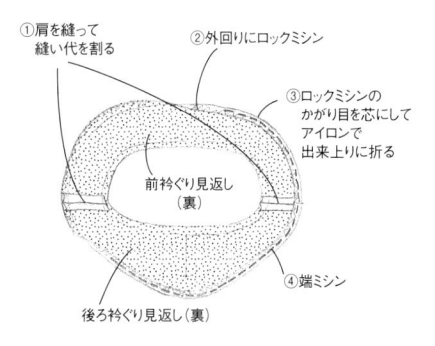

- ①肩を縫って縫い代を割る
- ②外回りにロックミシン
- ③ロックミシンのかがり目を芯にしてアイロンで出来上がりに折る
- 前衿ぐり見返し(裏)
- 後ろ衿ぐり見返し(裏)
- ④端ミシン

6 身頃に見返しを合わせて、衿ぐりと後ろあきを縫う

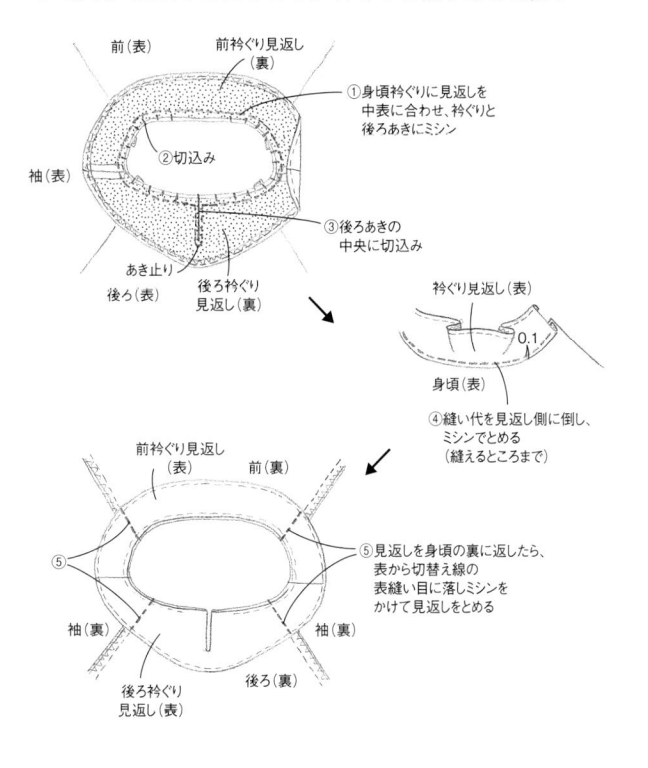

- 前(表)
- 前衿ぐり見返し(裏)
- 袖(表)
- ②切込み
- あき止り
- 後ろ衿ぐり見返し(裏)
- 後ろ(表)
- ①身頃衿ぐりに見返しを中表に合わせ、衿ぐりと後ろあきにミシン
- ③後ろあきの中央に切込み

- 衿ぐり見返し(表)
- 0.1
- 身頃(表)
- ④縫い代を見返し側に倒し、ミシンでとめる(縫えるところまで)

- 前衿ぐり見返し(表)
- 前(裏)
- 袖(裏)　袖(裏)
- 後ろ(裏)
- 後ろ衿ぐり見返し(表)
- ⑤
- ⑤見返しを身頃の裏に返したら、表から切替え線の表縫い目に落しミシンをかけて見返しをとめる

61

m
レーヨンのワンピース
(作品 19 ページ)

● 必要なパターン（D 面）
前、後ろ、前スカート、後ろスカート、前衿ぐり見返し、後ろ衿ぐり見返し
※袖口縁とり布、後ろあき縁とり布、布ループ用バイアステープは、裁合せ図で示した寸法を直接布地にしるして裁つ

● 材料
表布（レーヨン）108cm幅 2.3 m
接着芯（衿ぐり見返し）90cm幅 20cm
ボタン直径1cmを1個

● 裁合せ図
表布
★指定以外の縫い代は1cm。 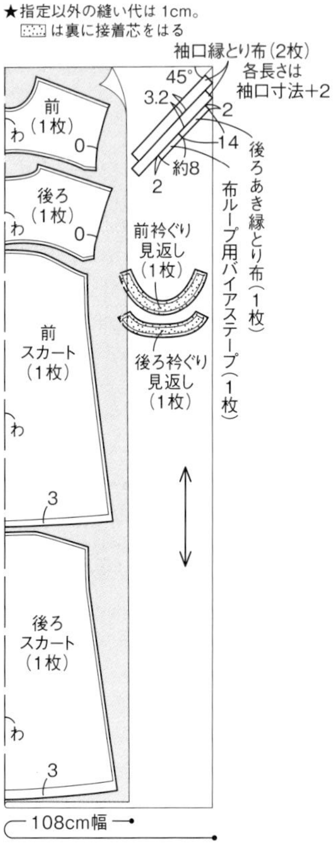
▨は裏に接着芯をはる

● 縫い方順序
＜縫う前の準備＞
衿ぐり見返しの裏面に接着芯をはる

1 身頃の肩を縫って、縫い代を後ろ側に倒す
2 衿ぐり見返しの肩を縫う（→ p.39）
3 身頃に見返しを合わせて、衿ぐりを縫う（→ p.39）
4 後ろあきを作って、布ループをつける（→ p.40） 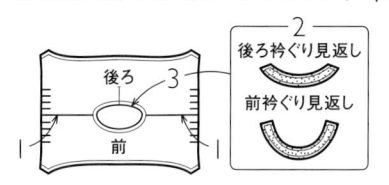 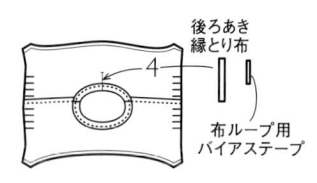
5 前スカートと前身頃と縫い合わせる。縫い代は身頃側に倒す
6 後ろスカートと後ろ身頃と縫い合わせる。縫い代は身頃側に倒す 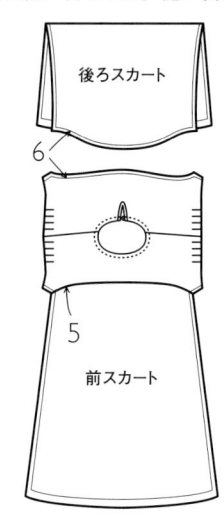
7 袖下と脇を続けて縫う（→ p.63）
8 袖口のタックをたたみ、縁とり布でくるむ（→ p.63）
9 裾を三つ折りにして縫う
10 ボタンをつける

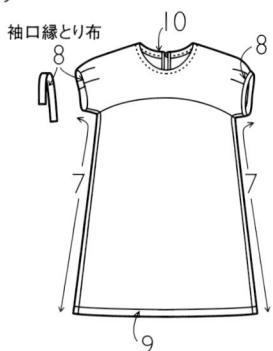

出来上り寸法 (cm)

名称＼サイズ	9	11	13
バスト	103.5	106.5	109.5
着丈	100	100	100
ゆき丈	35.3	36	36.7

7 袖下と脇を続けて縫う

- 後ろ（表）
- 前（裏）
- 前スカート（裏）
- ②袖下はつれやすいので縫い代を細くカットしておく
- ①前後を中表に合わせ、袖下と脇を続けてミシン
- ③2枚一緒にロックミシンをかけ、縫い代は後ろ側に倒す

- ボタン
- 布ループ
- 0.8
- 1.9

8 袖口のタックをたたみ、縁とり布でくるむ

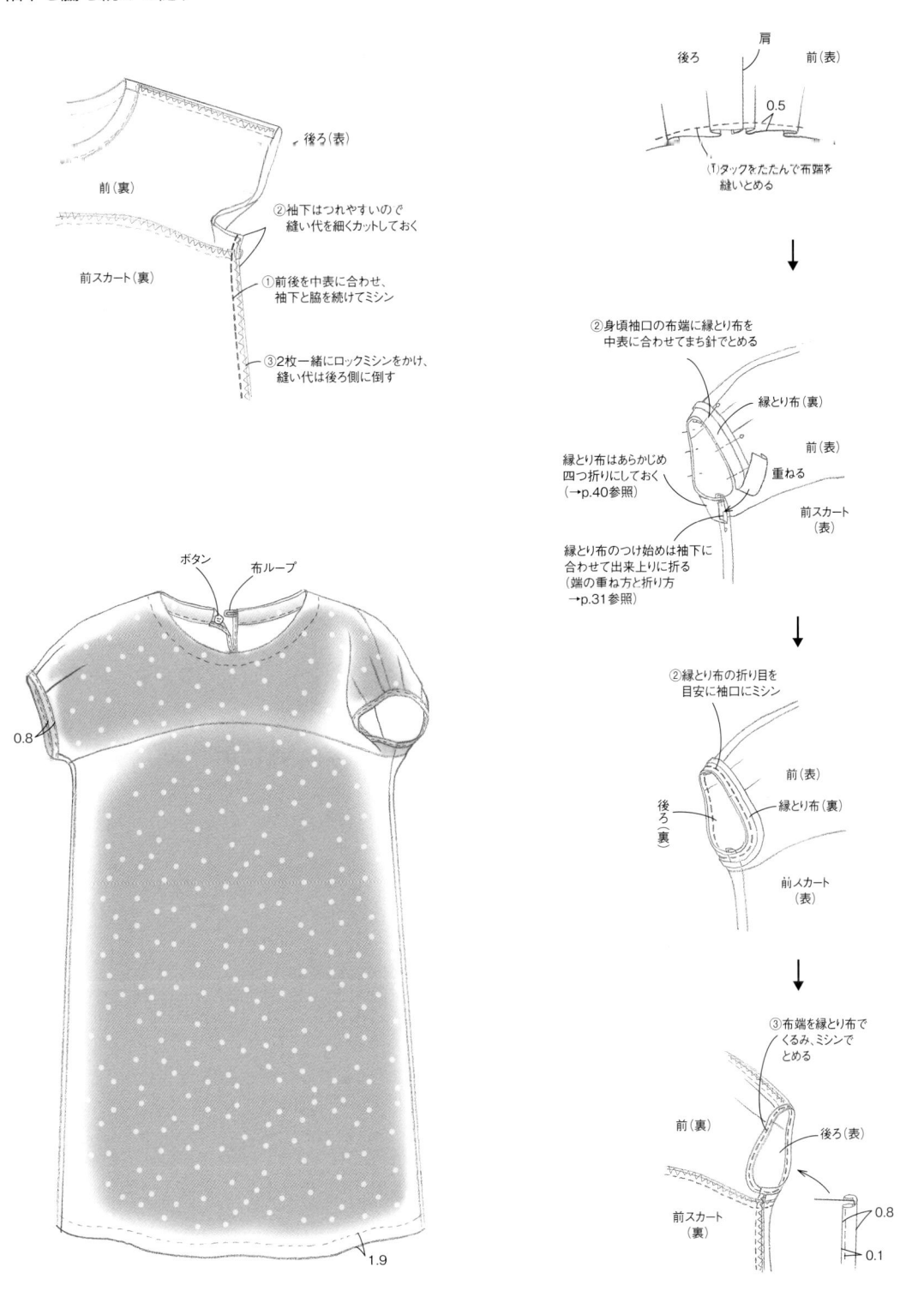

- 後ろ
- 肩
- 前（表）
- 0.5
- ①タックをたたんで布端を縫いとめる

- ②身頃袖口の布端に縁とり布を中表に合わせてまち針でとめる
- 縁とり布（裏）
- 前（表）
- 重ねる
- 前スカート（表）
- 縁とり布はあらかじめ四つ折りにしておく（→p.40参照）
- 縁とり布のつけ始めは袖下に合わせて出来上りに折る（端の重ね方と折り方 →p.31参照）

- ②縁とり布の折り目を目安に袖口にミシン
- 前（表）
- 縁とり布（裏）
- 後ろ（裏）
- 前スカート（表）

- ③布端を縁とり布でくるみ、ミシンでとめる
- 前（裏）
- 後ろ（表）
- 前スカート（裏）
- 0.8
- 0.1

n

コットンのシャツドレス
（作品 20 ページ）

● 必要なパターン（B面）
前、後ろ、ヨーク、前立てと見返し、袖、衿、袋布

● 材料
表布（コットン）116cm幅 2.6m
別布（コットン）112cm幅 20cm
接着芯（前立て、見返し、衿）90cm幅 90cm
接着テープ（前ポケット口）1cm幅を35cm
ボタン直径1.3cmを7個、直径1.15cmを2個

● 裁合せ図
表布

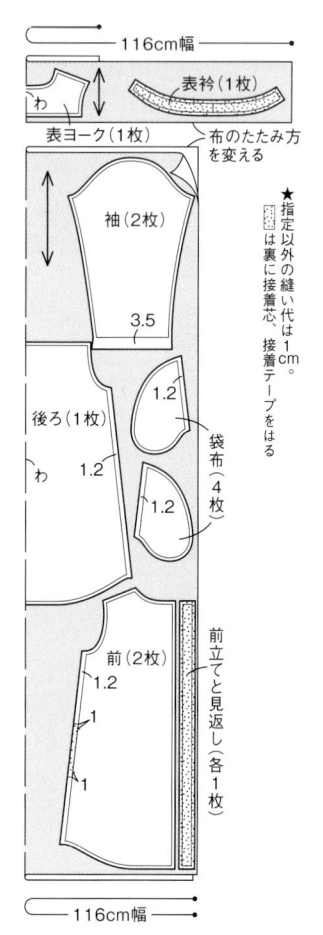

別布

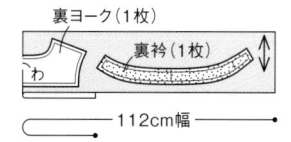

● 縫い方順序
＜縫う前の準備＞
前立て、見返し、衿の裏面に接着芯、前ポケット口の縫い代裏面に接着テープをそれぞれはる

1 後ろ身頃にギャザーを寄せて、ヨークと縫い合わせる（→ p.65）
2 前身頃とヨークを縫い合わせる（→ p.65） 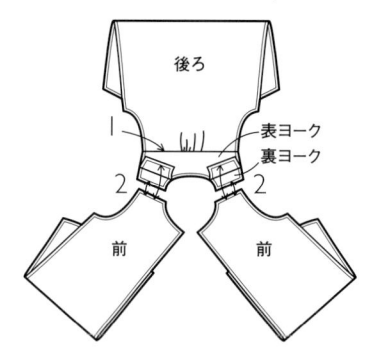
3 脇を縫って、ポケットを作る（→ p.35）
4 右前に見返しをつける（→ p.65）
5 裾を三つ折りにして縫う（→ p.65）
6 左前に前立てをつける（→ p.66） 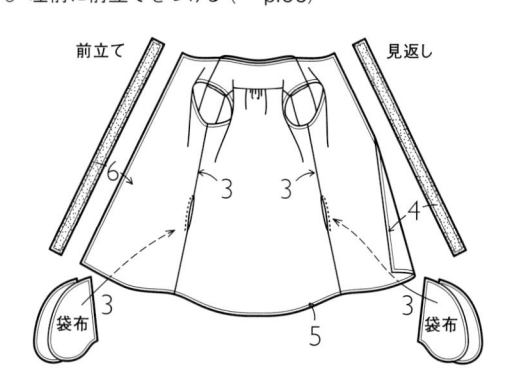
7 衿を作る（→ p.66）
8 衿をつける（→ p.66）
9 袖下を縫って、縫い代を後ろ側に倒す
10 袖口を三つ折りにして縫う
11 身頃に袖をつける
12 ボタンホールを作って、ボタンをつける

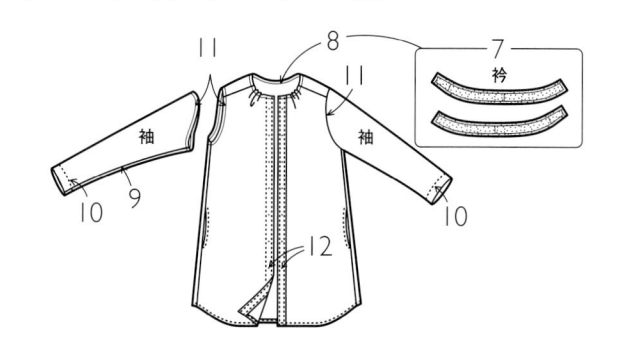

1 後ろ身頃にギャザーを寄せて、ヨークと縫い合わせる

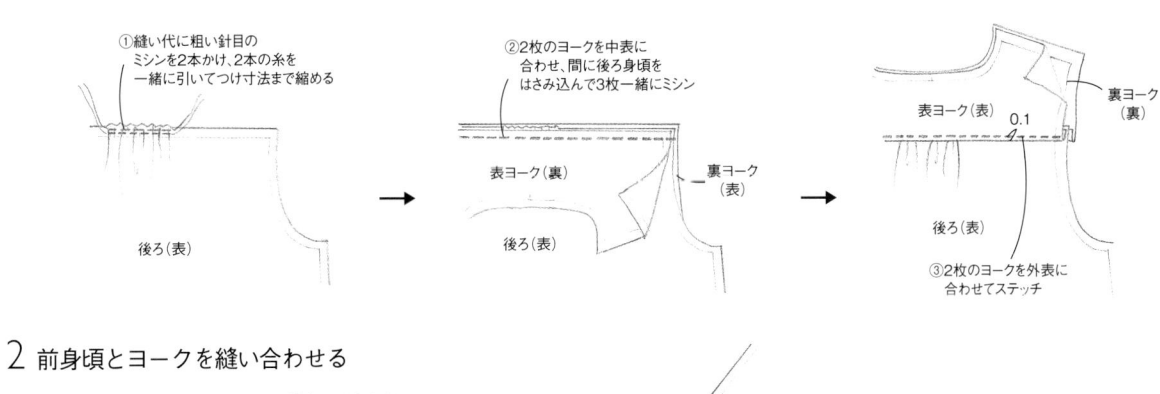

① 縫い代に粗い針目のミシンを2本かけ、2本の糸を一緒に引いてつけ寸法まで縮める

② 2枚のヨークを中表に合わせ、間に後ろ身頃をはさみ込んで3枚一緒にミシン

③ 2枚のヨークを外表に合わせてステッチ

2 前身頃とヨークを縫い合わせる

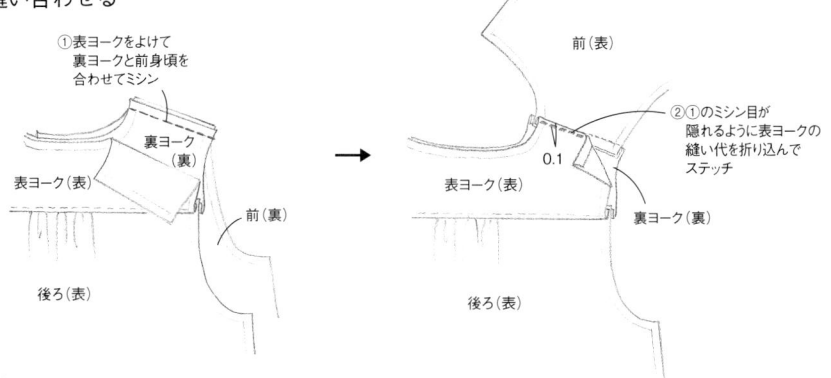

① 表ヨークをよけて裏ヨークと前身頃を合わせてミシン

② ①のミシン目が隠れるように表ヨークの縫い代を折り込んでステッチ

4 右前に見返しをつける
5 裾を三つ折りにして縫う

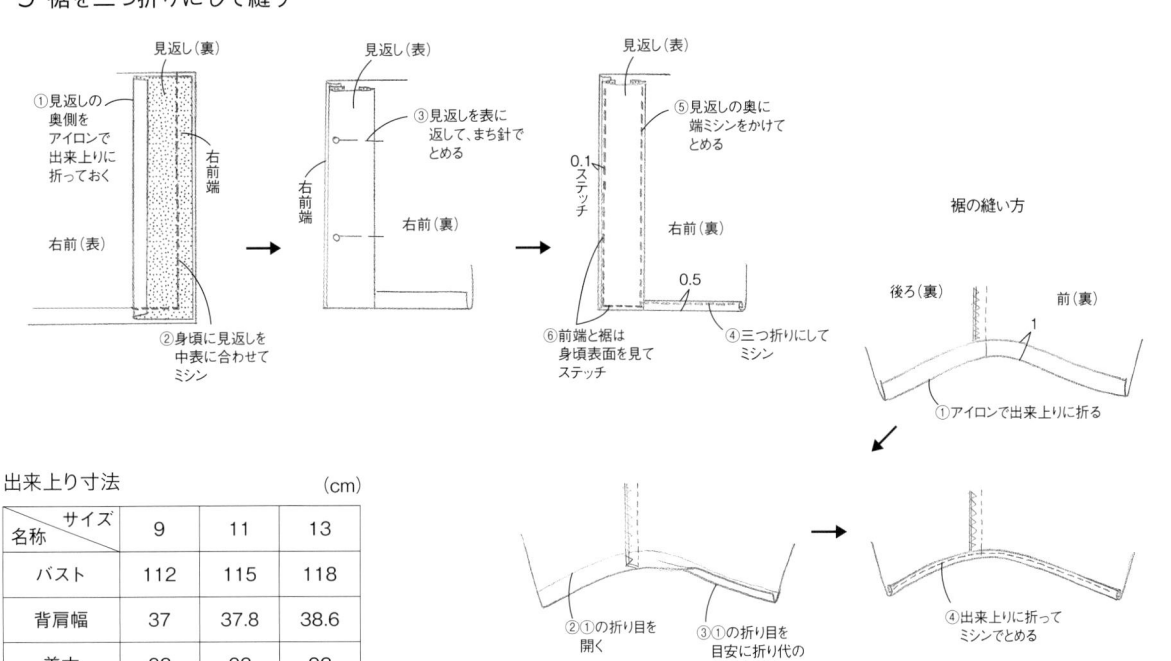

① 見返しの奥側をアイロンで出来上りに折っておく

② 身頃に見返しを中表に合わせてミシン

③ 見返しを表に返して、まち針でとめる

⑤ 見返しの奥に端ミシンをかけてとめる

⑥ 前端と裾は身頃表面を見てステッチ

④ 三つ折りにしてミシン

裾の縫い方

① アイロンで出来上りに折る

② ①の折り目を開く

③ ①の折り目を目安に折り代の半分を折る

④ 出来上りに折ってミシンでとめる

出来上り寸法 (cm)

名称＼サイズ	9	11	13
バスト	112	115	118
背肩幅	37	37.8	38.6
着丈	92	92	92
袖丈	58	58.2	58.4

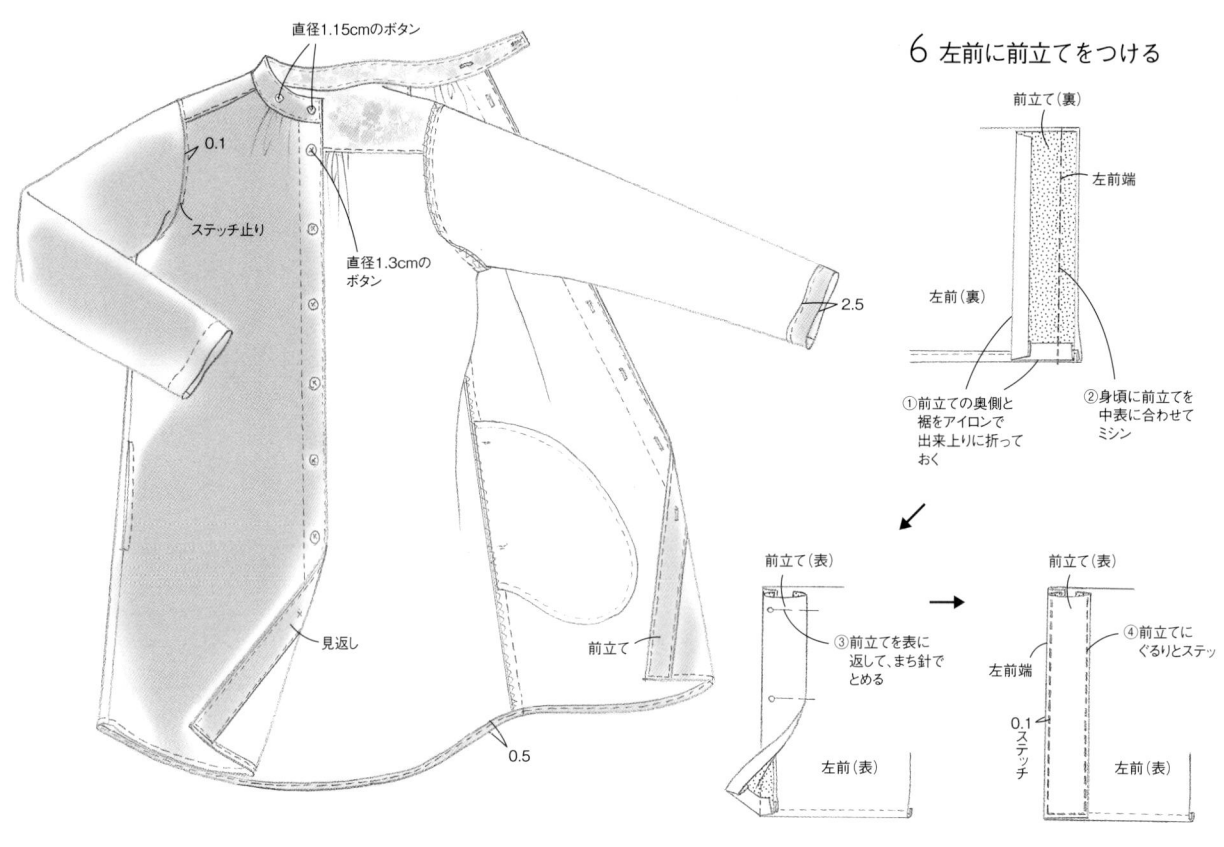

直径1.15cmのボタン
0.1
ステッチ止り
直径1.3cmのボタン
2.5
見返し
前立て
0.5

6 左前に前立てをつける

前立て(裏)
左前端
左前(裏)
①前立ての奥側と裾をアイロンで出来上りに折っておく
②身頃に前立てを中表に合わせてミシン

前立て(表)
③前立てを表に返して、まち針でとめる
左前端
左前(表)

前立て(表)
④前立てにぐるりとステッ
0.1
ステッチ
左前(表)

7 衿を作る

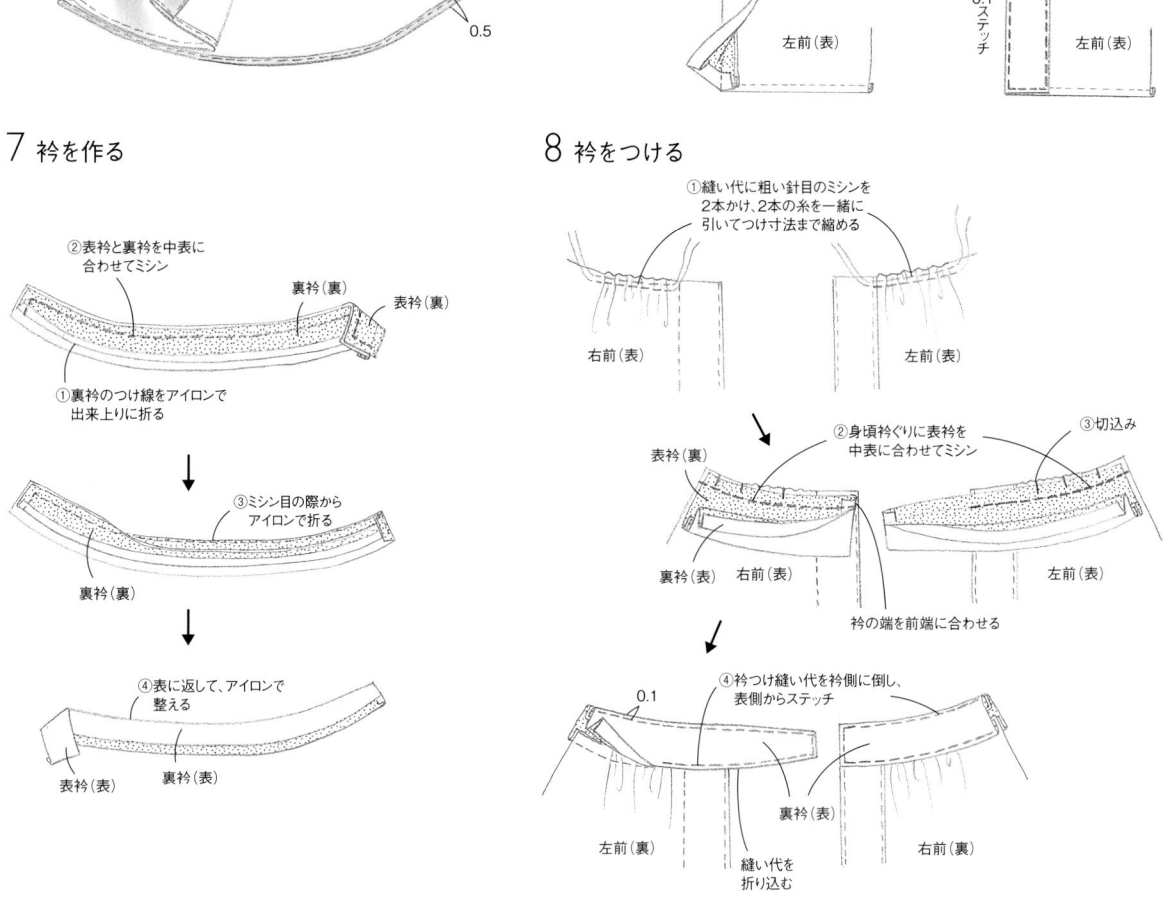

②表衿と裏衿を中表に合わせてミシン
裏衿(裏)
表衿(裏)
①裏衿のつけ線をアイロンで出来上りに折る

③ミシン目の際からアイロンで折る
裏衿(裏)

④表に返して、アイロンで整える
表衿(表)
裏衿(表)

8 衿をつける

①縫い代に粗い針目のミシンを2本かけ、2本の糸を一緒に引いてつけ寸法まで縮める
右前(表)
左前(表)

②身頃衿ぐりに表衿を中表に合わせてミシン
③切込み
表衿(裏)
裏衿(表)
右前(表)
左前(表)
衿の端を前端に合わせる

④衿つけ縫い代を衿側に倒し、表側からステッチ
0.1
裏衿(表)
左前(裏)
縫い代を折り込む
右前(裏)

I

ギンガムチェックのカシュクールドレス
（作品18ページ）

● **必要なパターン（C面）**
前、後ろ、前衿、後ろ衿、右前スカート、左前スカート、後ろスカート、ひも、衿ぐり用バイアステープ、袖ぐり用バイアステープ

● **材料**
表布（コットン）114㎝幅 3.3 m
接着芯（表前衿、表後ろ衿）90㎝幅 90㎝

● **裁合せ図**
表布

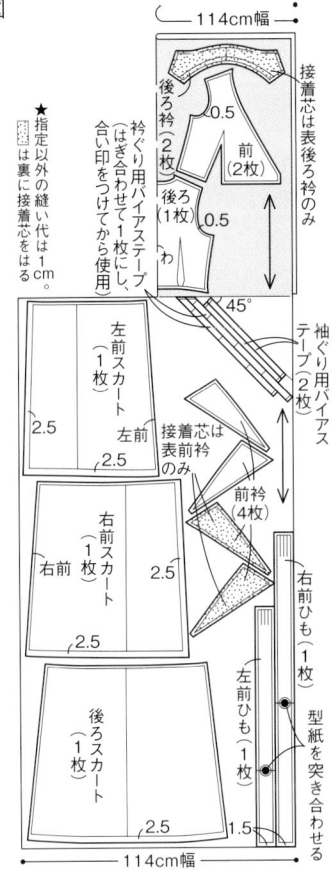

● **縫い方順序**
＜縫う前の準備＞
表前衿、表後ろ衿の裏面に接着芯をはる

1 ダーツを縫って、縫い代を中心側に倒す
2 肩を縫って、縫い代を後ろ側に倒す
3 身頃の脇を縫う（→ p.68）
4 袖ぐりをバイアステープで始末する（→ p.68）

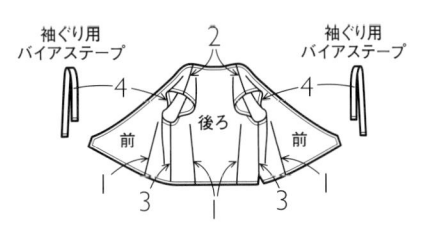

5 衿を作る（→ p.68）
6 衿をつける（→ p.69）
7 スカートの脇を縫って、縫い代を後ろ側に倒す
8 スカートの裾を三つ折りにして縫う
9 スカートの前端を三つ折りにして縫う
10 スカートにギャザーを寄せて、身頃と縫い合わせる。縫い代は身頃側に倒す

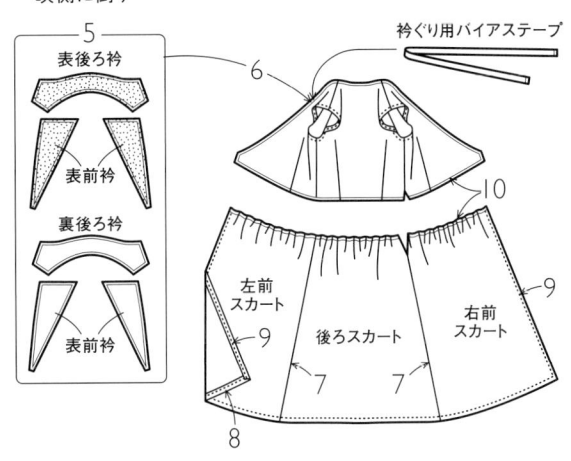

11 ひもを作ってつける（→ p.69）

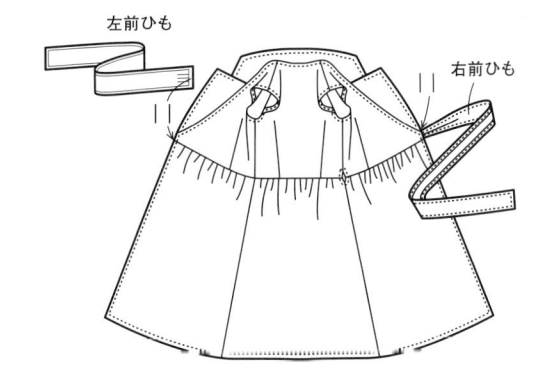

出来上り寸法 (cm)

名称＼サイズ	9	11	13
バスト	88	91	94
ウエスト	76	79	82
背肩幅	35.6	36.4	37.2
着寸	110.5	110.5	110.5

3 身頃の脇を縫う

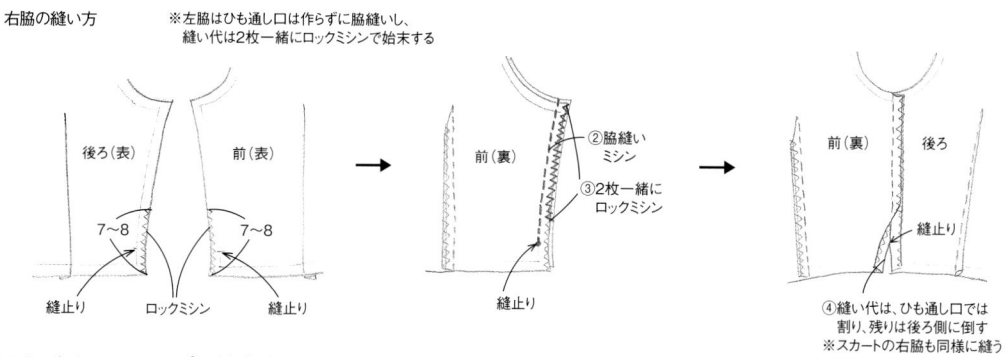

右脇の縫い方　※左脇はひも通し口は作らずに脇縫いし、縫い代は2枚一緒にロックミシンで始末する

- 後ろ(表) / 前(表)
- 7〜8
- 縫止り　ロックミシン　縫止り
- ②脇縫いミシン
- ③2枚一緒にロックミシン
- 前(裏)
- 縫止り
- 前(裏)　後ろ
- 縫止り
- ④縫い代は、ひも通し口では割り、残りは後ろ側に倒す
- ※スカートの右脇も同様に縫う

4 袖ぐりをバイアステープで始末する

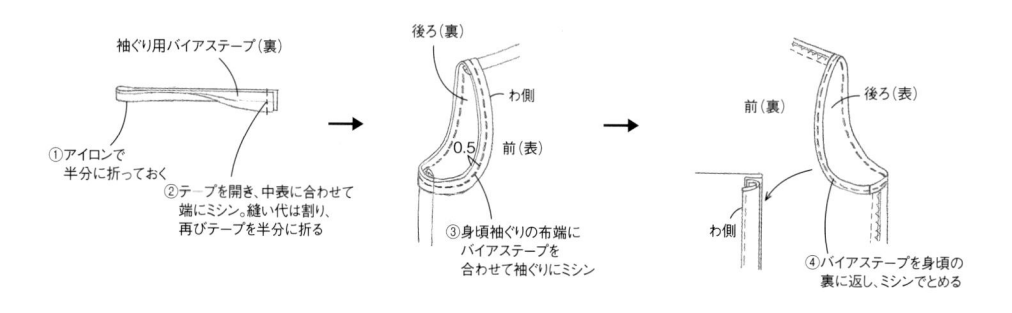

- 袖ぐり用バイアステープ(裏)
- ①アイロンで半分に折っておく
- ②テープを開き、中表に合わせて端にミシン。縫い代は割り、再びテープを半分に折る
- 後ろ(裏)　わ側　前(表)
- 0.5
- ③身頃袖ぐりの布端にバイアステープを合わせて袖ぐりにミシン
- 前(裏)　後ろ(表)
- わ側
- ④バイアステープを身頃の裏に返し、ミシンでとめる

5 衿を作る

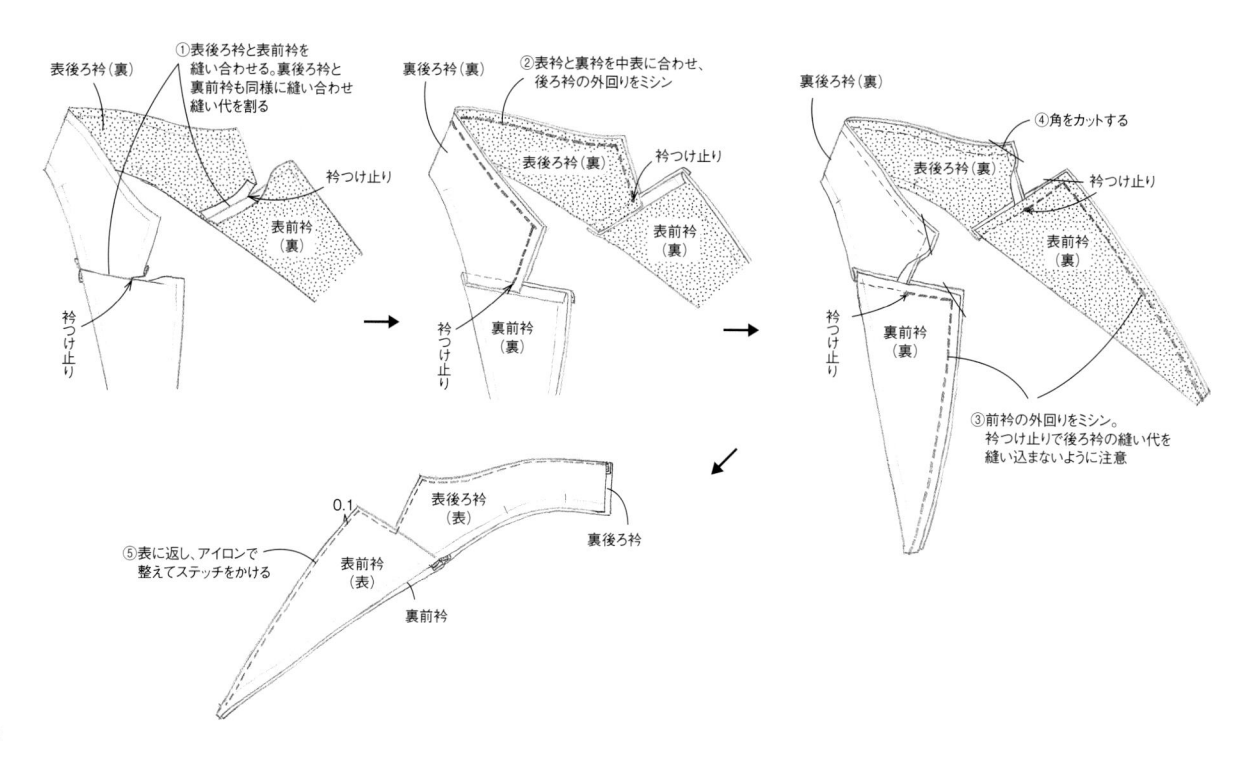

- 表後ろ衿(裏)
- ①表後ろ衿と表前衿を縫い合わせる。裏後ろ衿と裏前衿も同様に縫い合わせ縫い代を割る
- 衿つけ止り
- 表前衿(裏)
- 衿つけ止り
- 裏後ろ衿(裏)
- ②表衿と裏衿を中表に合わせ、後ろ衿の外回りをミシン
- 表後ろ衿(裏)
- 衿つけ止り
- 裏前衿(裏)
- 衿つけ止り
- 裏後ろ衿(裏)
- ④角をカットする
- 表後ろ衿(裏)
- 衿つけ止り
- 裏前衿(裏)
- ③前衿の外回りをミシン。衿つけ止りで後ろ衿の縫い代を縫い込まないように注意
- 0.1
- 表後ろ衿(表)
- 裏後ろ衿
- 表前衿(表)
- 裏前衿
- ⑤表に返し、アイロンで整えてステッチをかける

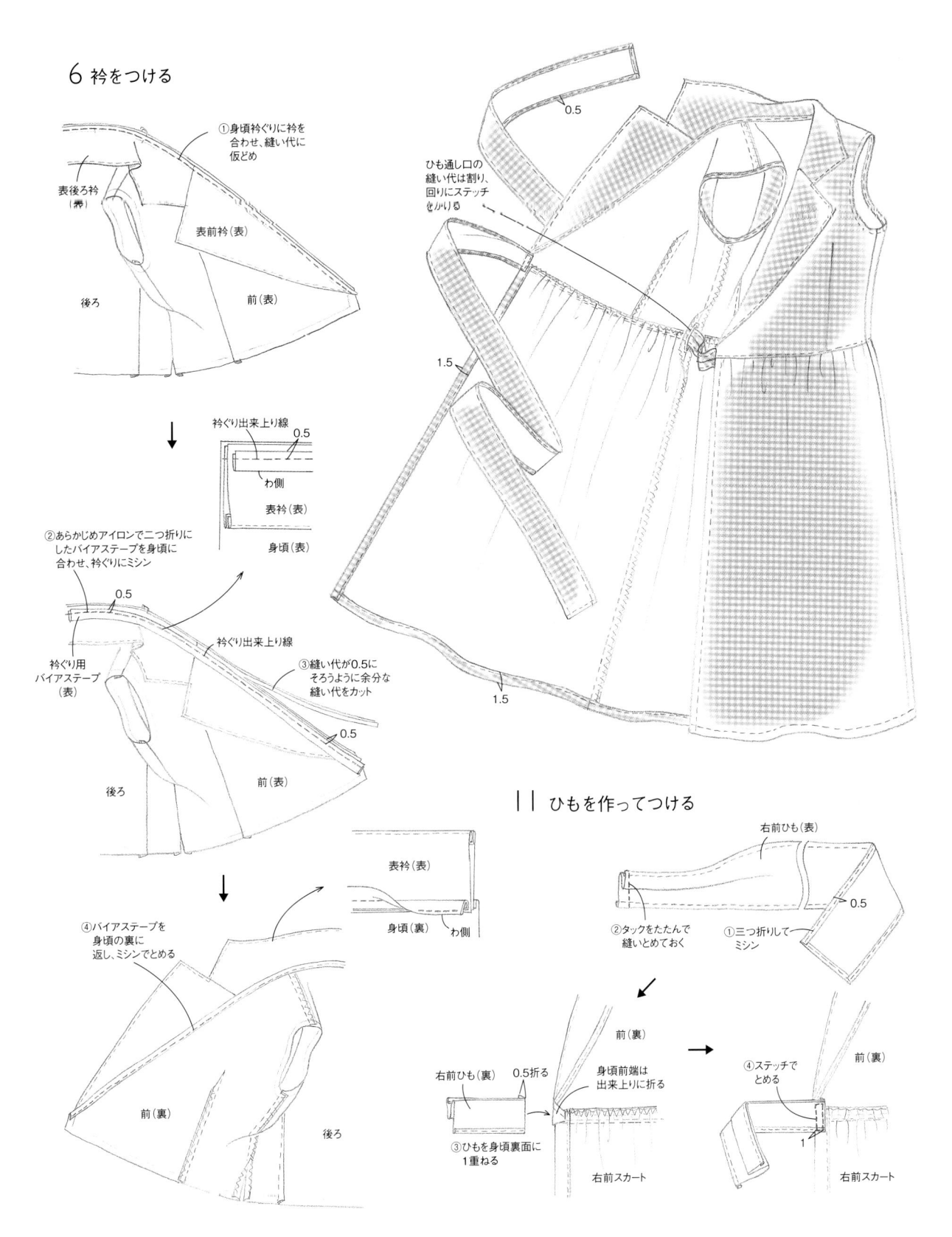

6 衿をつける

①身頃衿ぐりに衿を合わせ、縫い代に仮どめ

表後ろ衿（裏）
表前衿（表）
後ろ
前（表）

②あらかじめアイロンで二つ折りにしたバイアステープを身頃に合わせ、衿ぐりにミシン

衿ぐり出来上り線
0.5
表衿（表）
わ側
身頃（表）

衿ぐり用バイアステープ（表）
0.5
衿ぐり出来上り線
③縫い代が0.5にそろうように余分な縫い代をカット
0.5
後ろ
前（表）

④バイアステープを身頃の裏に返し、ミシンでとめる

表衿（表）
身頃（裏）
わ側

前（裏）
後ろ

ひも通し口の縫い代は割り、回りにステッチをかける

0.5
1.5
1.5

11 ひもを作ってつける

右前ひも（表）
0.5
①三つ折りしてミシン

②タックをたたんで縫いとめておく

右前ひも（裏）
0.5折る
前（裏）
身頃前端は出来上りに折る
③ひもを身頃裏面に1重ねる
右前スカート

④ステッチでとめる
前（裏）
1
右前スカート

69

O 衿つきの麻のワンピース
(作品 22 ページ)

● 必要なパターン（A面）
前、後ろ、前ウエスト布、後ろウエスト布、前スカート、後ろスカート、衿、衿ぐり用バイアステープ、袖ぐり用バイアステープ

● 材料
表布（麻）110cm幅 1.9 m
接着芯（表衿、ウエスト布）90cm幅 40cm
コンシールファスナー長さ56cmを1本
スプリングホック3組み

● 裁合せ図
表布

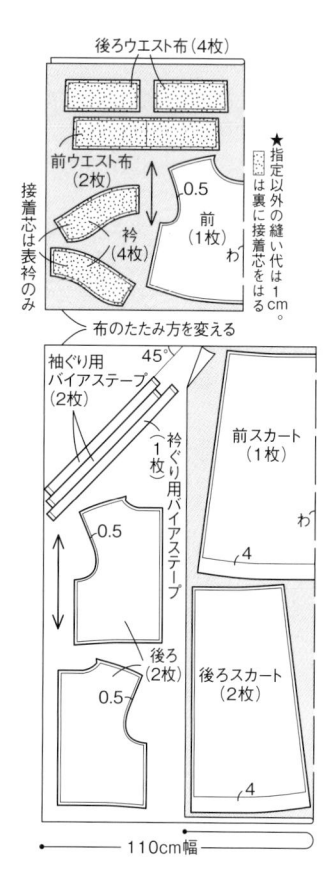

● 縫い方順序
＜縫う前の準備＞
表衿、ウエスト布の裏面に接着芯をはる

1. 肩を縫って、縫い代を後ろ側に倒す
2. 身頃の脇を縫って、縫い代を後ろ側に倒す
3. 袖ぐりをバイアステープで始末する（→ p.68） 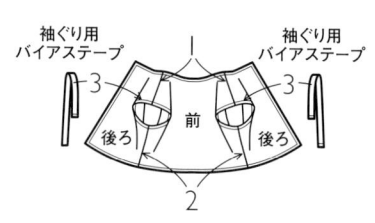
4. スカートの脇を縫って、縫い代を後ろ側に倒す
5. 表ウエスト布の脇を縫って、縫い代を割る
6. 身頃にギャザーを寄せて、表ウエスト布と縫い合わせる（→ p.71）
7. スカートにギャザーを寄せて、表ウエスト布と縫い合わせる（→ p.71） 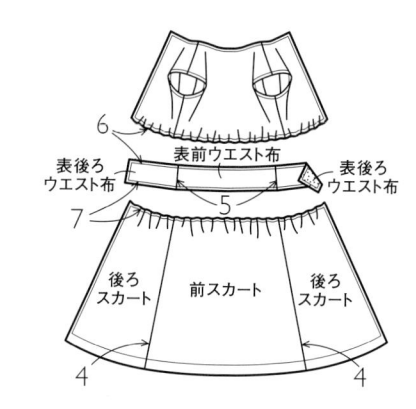
8. 後ろ中心を縫って、コンシールファスナーをつける（→ p.43）
9. 裏ウエスト布の脇を縫って、身頃裏面につける（→ p.71）
10. 衿を作る（→ p.72）
11. 衿をつける（→ p.72）
12. 裾を折ってまつる
13. スプリングホックをつける（→ p.72）

出来上り寸法 (cm)

名称＼サイズ	9	11	13
バスト	89	92	95
ウエスト	77	80	83
背肩幅	43	44	45
着丈	97	97	97

6 身頃にギャザーを寄せて、表ウエスト布と縫い合わせる

①縫い代に粗い針目のミシンを2本かける

②身頃と表ウエスト布を中表に合わせて、合い印をまち針でとめる

③表面に出た2本の糸を一緒に引いてつけ寸法まで縮める

表後ろウエスト布（表）　表前ウエスト布（表）

後ろ（裏）　前

④ミシン

表後ろウエスト布

後ろ（裏）　前

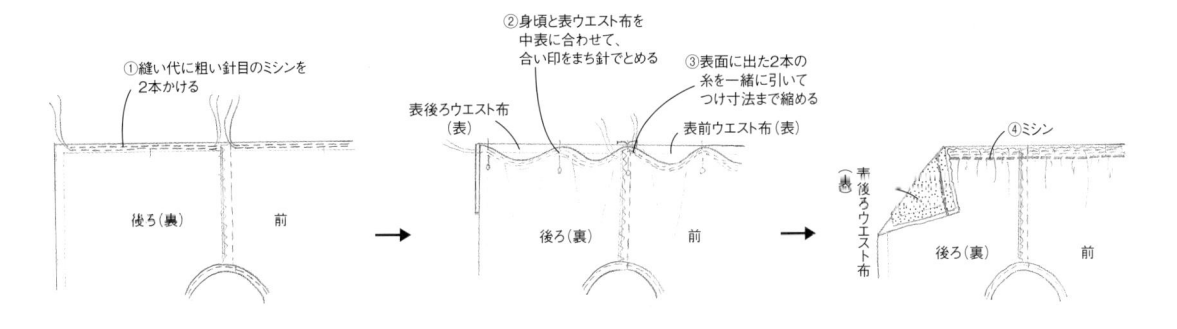

7 スカートにギャザーを寄せて、表ウエスト布と縫い合わせる

①スカートの縫い代に粗い針目ミシンを2本かける

②スカートと表ウエスト布を中表に合わせて、合い印をまち針でとめる

③表面に出た2本の糸を一緒に引いて、つけ寸法まで縮める

表前ウエスト布（表）　表後ろウエスト布（表）

前スカート　後ろスカート（裏）

④ミシン

表後ろウエスト布（裏）

前スカート　後ろスカート（裏）　後ろ（表）

後ろ（表）　前

⑤縫い代をウエスト布側に倒して、表からステッチ

0.1

表後ろウエスト布　表前ウエスト布

後ろスカート　前スカート

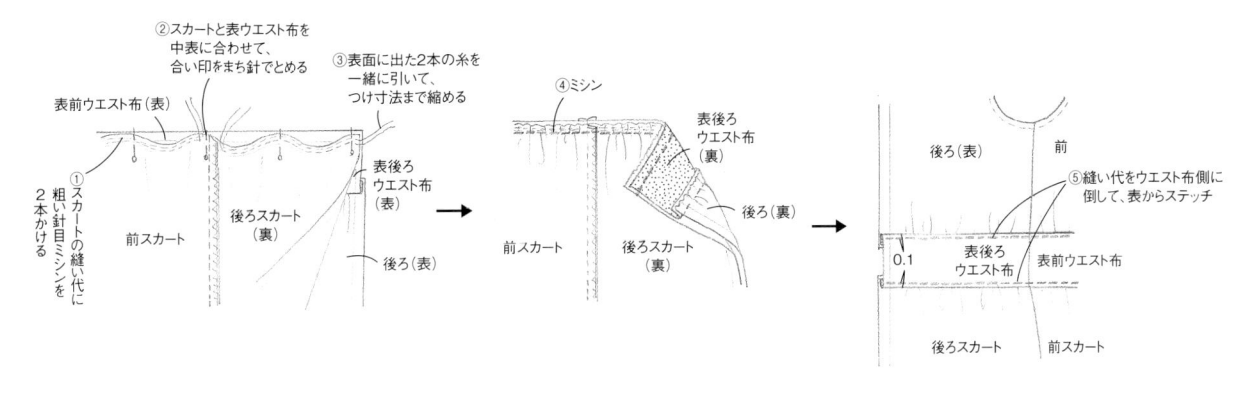

9 裏ウエスト布の脇を縫って、身頃裏面につける

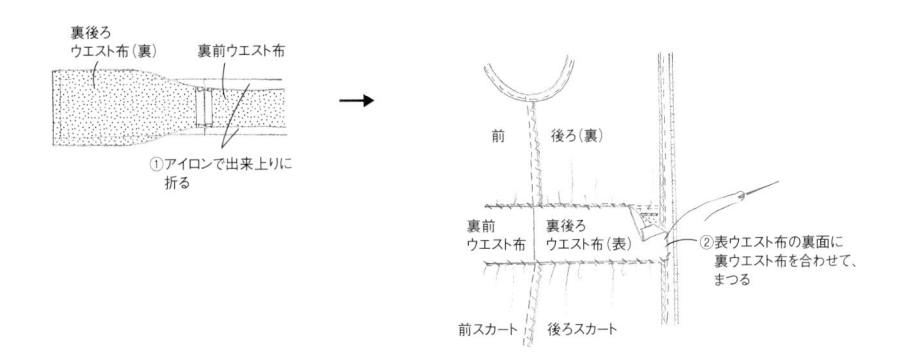

裏後ろウエスト布（裏）　裏前ウエスト布

①アイロンで出来上りに折る

前　後ろ（裏）

裏前ウエスト布　裏後ろウエスト布（表）

前スカート　後ろスカート

②表ウエスト布の裏面に裏ウエスト布を合わせて、まつる

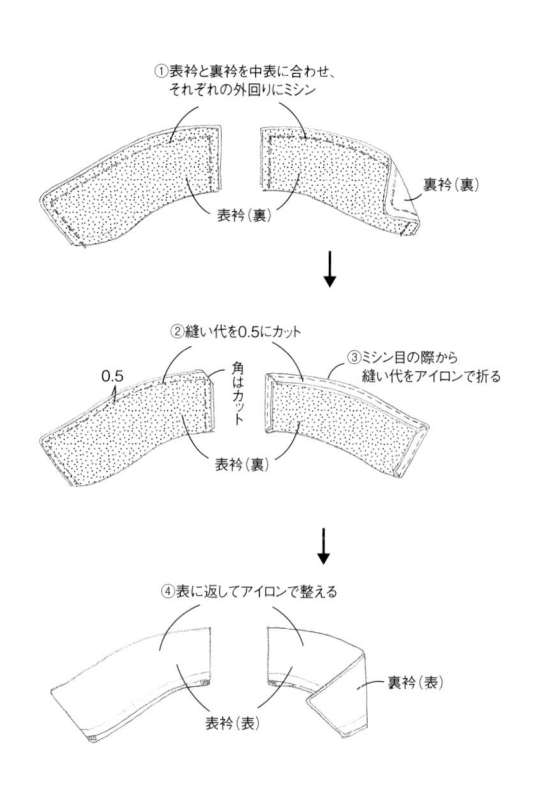

10 衿を作る

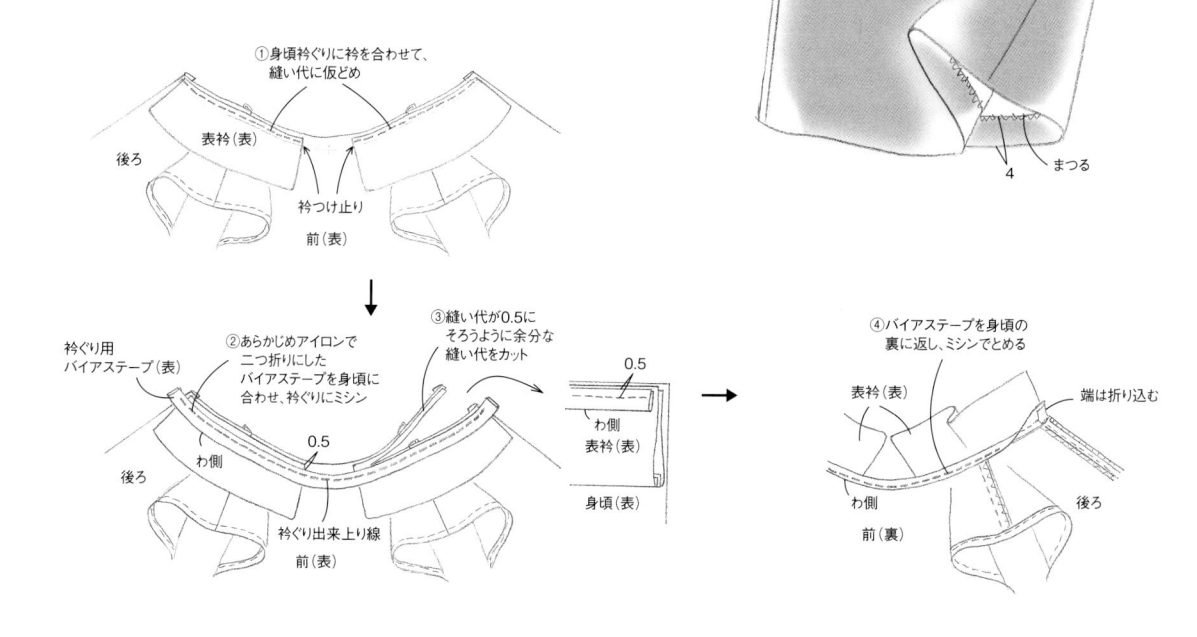

スプリングホックのつけ方

① 表衿と裏衿を中表に合わせ、それぞれの外回りにミシン

裏衿(裏)
表衿(裏)

裏衿(表)
表衿(表)
かぎ側スプリングホック
受け側スプリングホック
後ろ(裏)

② 縫い代を0.5にカット
0.5
角はカット
表衿(裏)

③ ミシン目の際から縫い代をアイロンで折る

④ 表に返してアイロムで整える
表衿(表)
裏衿(表)

11 衿をつける

① 身頃衿ぐりに衿を合わせて、縫い代に仮どめ
表衿(表)
後ろ
衿つけ止り
前(表)

4
まつる

② あらかじめアイロンで二つ折りにしたバイアステープを身頃に合わせ、衿ぐりにミシン
衿ぐり用バイアステープ(表)
わ側
後ろ
0.5
衿ぐり出来上り線
前(表)

③ 縫い代が0.5にそろうように余分な縫い代をカット
0.5
わ側
表衿(表)
身頃(表)

④ バイアステープを身頃の裏に返し、ミシンでとめる
表衿(表)
端は折り込む
わ側
前(裏)
後ろ

p
大きなチェックのポリエステルタフタで
(作品23ページ)

● 縫い方順序
このpのワンピースとeのスモックドレスは共通のパターンを使っています。縫い方も同じなのでe(p.46の1～5)を参照してください。

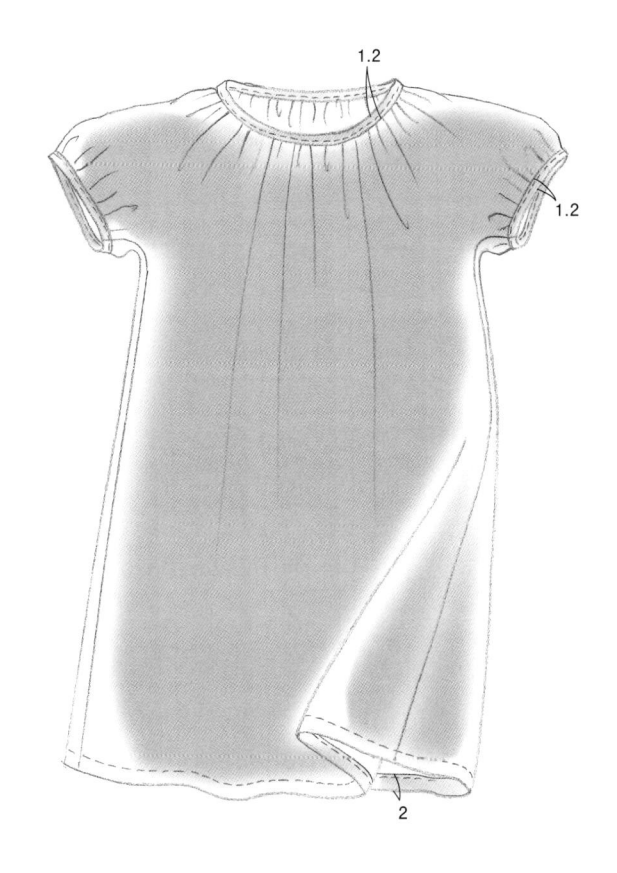

● 必要なパターン(C面)
前、後ろ、衿ぐり布、袖口布

● 材料
表布(形状記憶加工のポリエステル) 138cm幅 2.1m

● 裁合せ図
表布　★指定以外の縫い代は1cm。

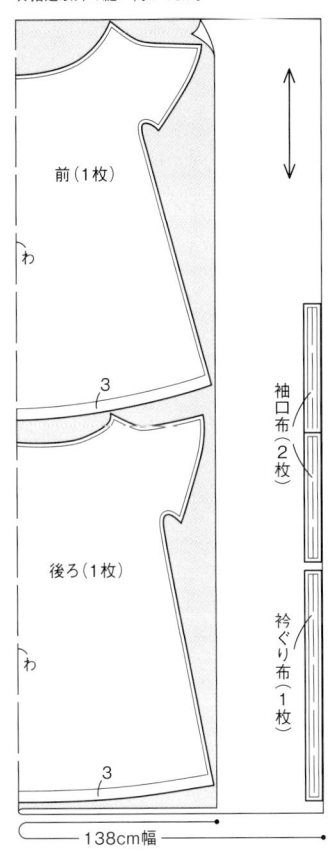

前(1枚)　わ　3
袖口布(2枚)
後ろ(1枚)　わ　3
衿ぐり布(1枚)
138cm幅

出来上り寸法　(cm)

名称＼サイズ	9	11	13
バスト	147.8	150.8	153.8
着丈	95	95	95
袖丈(SPから)	17.8	18.3	18.8

q

Aラインのウールのワンピース
（作品 24 ページ）

● 必要なパターン（D 面）
前、後ろ、袖、衿、前裾見返し、後ろ裾見返し、袖口見返し、袋布

● 材料
表布（圧縮ウール）138cm幅 1.7 m
別布（シーチング）92cm幅 60cm
接着テープ（前ポケット口）1cm幅を 30cm

● 裁合せ図
表布

★指定以外の縫い代は1cm。
▨は裏に接着テープをはる

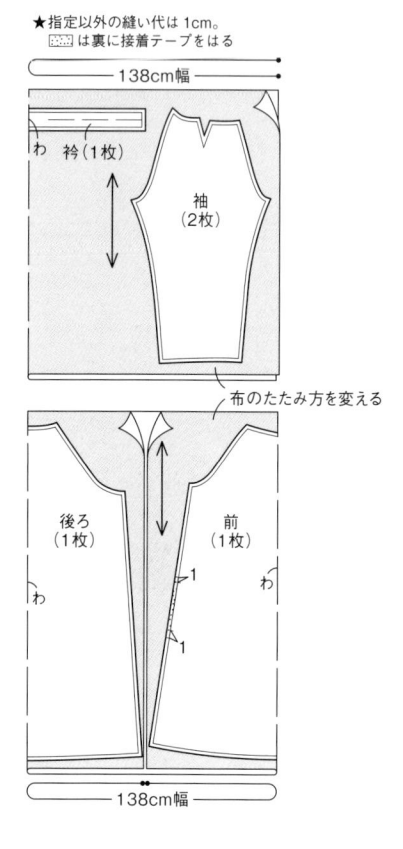

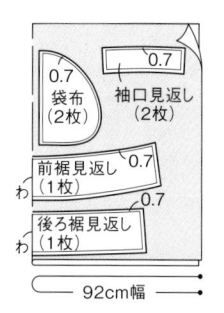

● 縫い方順序
＜縫う前の準備＞
前ポケット口の縫い代裏面に接着テープをはる

1　身頃の脇を縫って、ポケットを作る（→ p.75）
2　裾見返しの脇を縫って、縫い代を割る
3　裾に見返しを合わせて縫う（→ p.75） 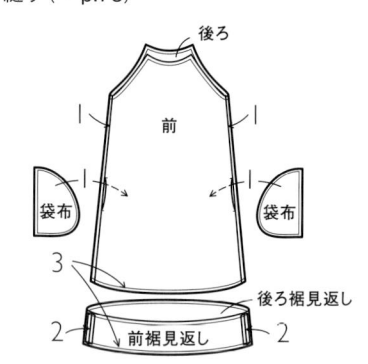
4　袖のダーツを縫って、縫い代を後ろ側に倒す
5　袖下を縫って、縫い代を後ろ側に倒す
6　袖口見返しの袖下を縫って、縫い代を割る
7　袖口に見返しを合わせて縫う（→ p.75）
8　身頃に袖をつけて、縫い代を袖側に倒す 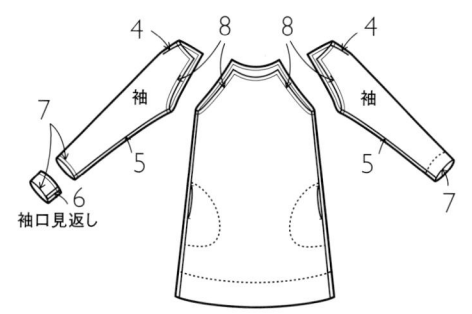
9　衿をつける（→ p.75）

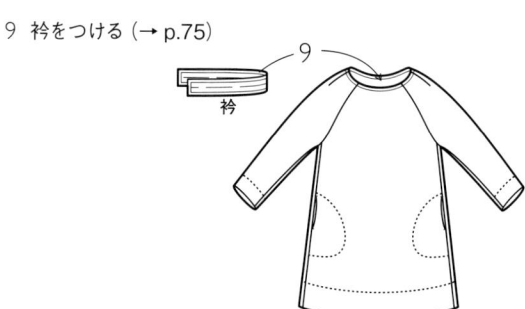

出来上り寸法　　　　　　　　　　（cm）

名称＼サイズ	9	11	13
バスト	98.5	101.5	104.5
着丈	88	88	88
ゆき丈	76	76.5	77

1 身頃の脇を縫って、ポケットを作る

- ①ポケット口を残して脇を縫う
- 0.5
- ②前縫い代のみに切込み
- ③ポケット口の前縫い代にロックミシン
- ④ポケット口の縫い代を前側に倒し、まつる
- ⑤袋布の外回りにロックミシン
- ⑥袋布を身頃に合わせてステッチでとめる
- ⑦袋布を縫い代に縫いとめる
- ⑧2枚一緒にロックミシン
- ⑨下まで通して2〜3回とめミシン

3 裾に見返しを合わせて縫う

- ①身頃の裾に見返しを中表に合わせて裾にミシン
- ②見返しを身頃の裏に返し、見返しを少し控えてアイロンで整える
- ③ミシンをかけて見返しをとめる

7 袖口に見返しを合わせて縫う

- ①見返し奥はアイロンで出来上がりに折っておく
- ②袖口に見返しを中表に合わせて袖口にミシン
- ③見返しを袖の裏に返し、見返しを少し控えてアイロンで整える
- ④ミシンをかけて見返しをとめる

4.9

9 衿をつける

- ①中表に合わせてミシンをかけ、縫い代は割る
- ②身頃衿ぐりに衿を中表に合わせ、衿ぐりにミシン
- ③衿を表に返し、裏衿つけ側の縫い代を0.2引き出してアイロンで折る
- ④表縫い目に落しミシンをかけて裏衿をとめる

10

r

水玉のウールガーゼで
(作品 26 ページ)

● 必要なパターン（A面）
前、後ろ、袖
※衿ぐり縁とり布は、裁合せ図で示した寸法を直接布地にしるして裁つ

● 材料
表布（ウールガーゼ）110cm幅 2.7m
接着テープ（衿ぐり）0.9cm幅を70cm

● 裁合せ図
表布

★指定以外の縫い代は1cm。
▒▒ は裏に接着テープをはる

袖（2枚） 2.5
3.4
衿ぐり縁とり布（1枚）
約80
45°
0
前（1枚）
わ
0
後ろ（1枚）
わ
110cm幅

● 縫い方順序
＜縫う前の準備＞
身頃裏面の衿ぐりの布端にそうように、接着テープをはる
1 肩を縫って、縫い代を後ろ側に倒す
2 前衿ぐりにギャザーを寄せて、衿ぐりを縁とり布でくるむ（→ p.31）

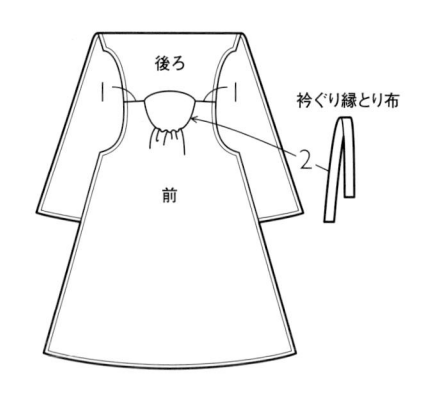

3 脇を縫って、縫い代を後ろ側に倒す
4 袖下を縫う（→ p.77）
5 袖口を三つ折りにして縫う（→ p.77）
6 身頃に袖をつける（→ p.77）
7 裾を三つ折りにして縫う（→ p.32）

出来上り寸法 (cm)

名称＼サイズ	9	11	13
バスト	110	113	116
背肩幅	36	36.8	37.6
着丈	96	96	96
袖丈	40	40.2	40.4

4 袖下を縫う
5 袖口を三つ折りにして縫う

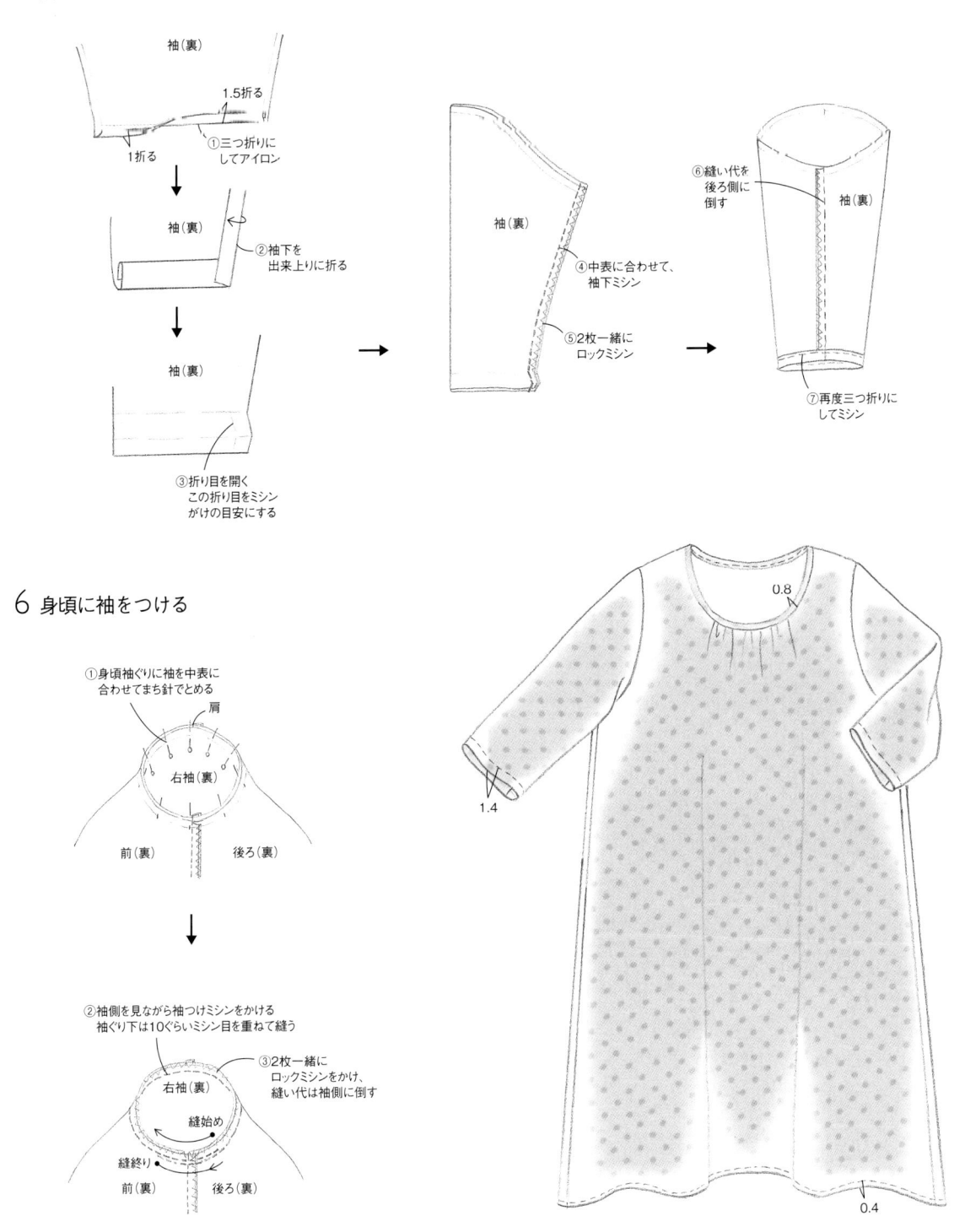

袖(裏)
1.5折る
1折る
①三つ折りにしてアイロン

袖(裏)
②袖下を出来上りに折る

袖(裏)
③折り目を開く
この折り目をミシンがけの目安にする

袖(裏)
④中表に合わせて、袖下ミシン
⑤2枚一緒にロックミシン

袖(裏)
⑥縫い代を後ろ側に倒す
⑦再度三つ折りにしてミシン

6 身頃に袖をつける

①身頃袖ぐりに袖を中表に合わせてまち針でとめる
肩
右袖(裏)
前(裏) 後ろ(裏)

②袖側を見ながら袖つけミシンをかける
袖ぐり下は10ぐらいミシン目を重ねて縫う
③2枚一緒にロックミシンをかけ、縫い代は袖側に倒す
右袖(裏)
縫始め
縫終り
前(裏) 後ろ(裏)

0.8
1.4
0.4

S
ウールガーゼにレースをプラス
(作品 27 ページ)

● **必要なパターン（B面）**
前、後ろ、前後スカート、袖、衿ぐり縁とり布、袖口縁とり布、後ろあき見返し
※布ループ用バイアステープは、裁合せ図で示した寸法を直接布地にしるしして裁つ

● **材料**
表布（ウールガーゼ）140cm幅 1.7 m
別布（チュールレース）92cm幅 60cm
接着芯（後ろあき見返し）10×10cm
ボタン直径1.1cmを1個

● **裁合せ図**
表布

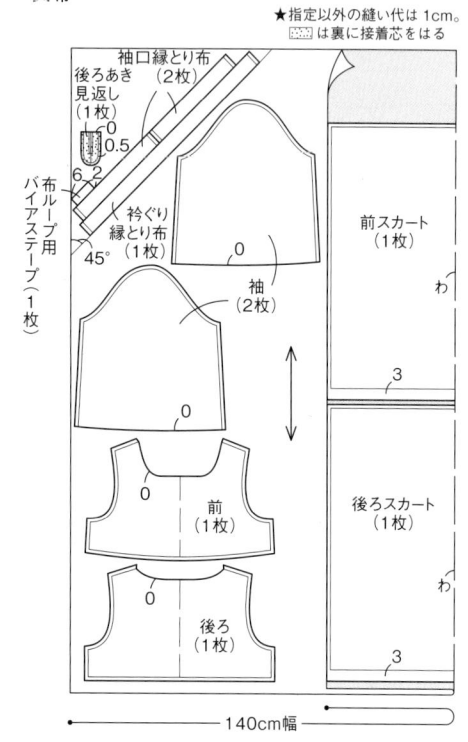

別布

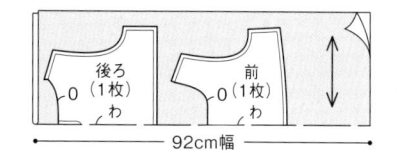

● **縫い方順序**
＜縫う前の準備＞
後ろあき見返しの裏面に接着芯をはる

1 身頃の表布と別布を重ねる（→ p.79）
2 後ろあきを作る（→ p.79） 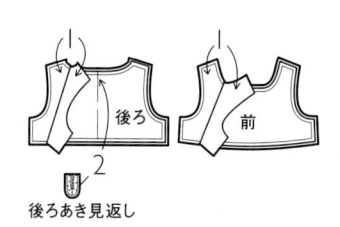
3 肩を縫って、縫い代を割る
4 衿ぐりを縁とり布でくるみ、布ループ（作り方は p.40）をつける（→ p.79） 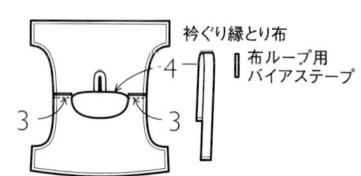
5 身頃の脇を縫って、縫い代を後ろ側に倒す
6 スカートの脇を縫って、縫い代を後ろ側に倒す
7 スカートにギャザーを寄せて、身頃と縫い合わせる。縫い代は身頃側に倒す 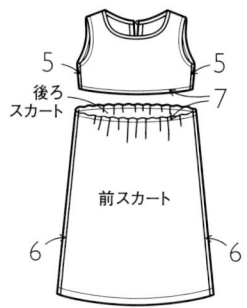
8 袖下を縫って、縫い代を後ろ側に倒す
9 袖口にギャザーを寄せて、縁とり布でくるむ
10 身頃に袖をつける（→ p.77）
11 裾を三つ折りにして縫う
12 ボタンをつける

1 身頃の表布と別布を重ねる

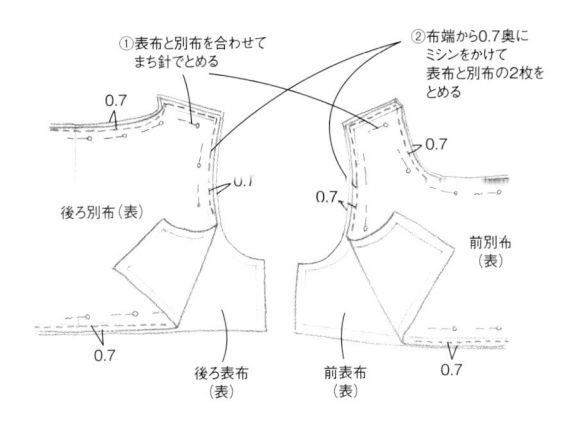

①表布と別布を合わせてまち針でとめる
②布端から0.7奥にミシンをかけて表布と別布の2枚をとめる

後ろ別布（表）
後ろ表布（表）
前別布（表）
前表布（表）

2 後ろあきを作る

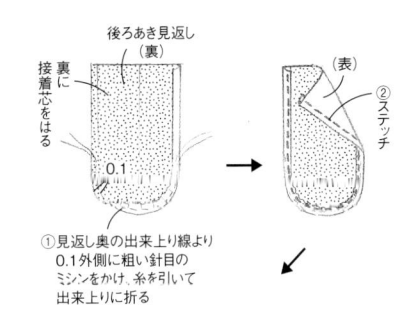

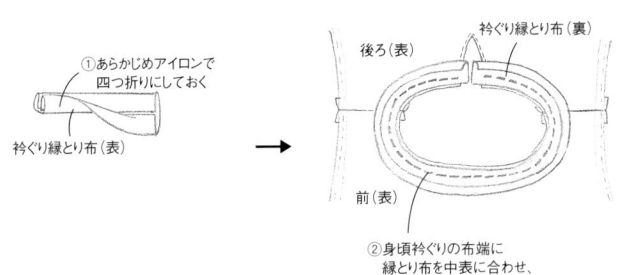

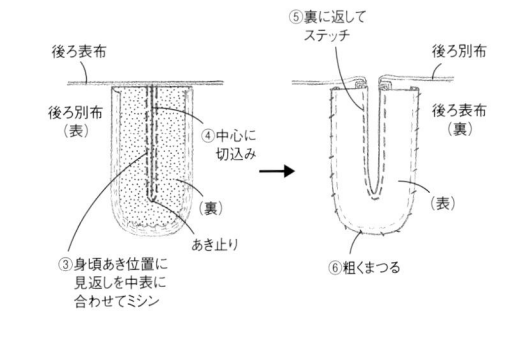

後ろあき見返し（裏）
裏に接着心をはる
②ステッチ

①見返し奥の出来上り線より0.1外側に粗い針目のミシンをかけ、糸を引いて出来上りに折る

後ろ表布
後ろ別布（表）
④中心に切込み
あき止り
③身頃あき位置に見返しを中表に合わせてミシン

⑤裏に返してステッチ
後ろ別布
後ろ表布（裏）
⑥粗くまつる

4 衿ぐりを縁とり布でくるみ、布ループをつける

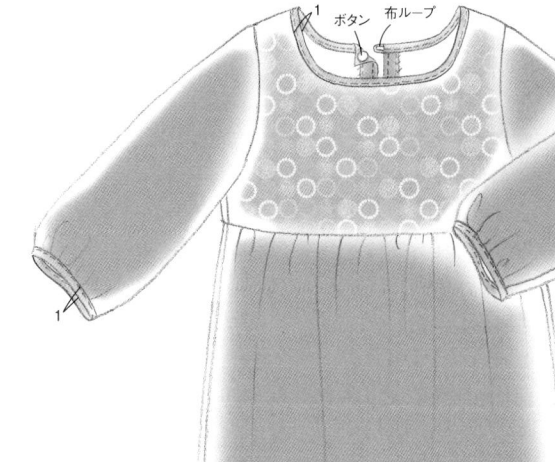

①あらかじめアイロンで四つ折りにしておく
衿ぐり縁とり布（表）

後ろ（表）
衿ぐり縁とり布（裏）
前（表）
②身頃衿ぐりの布端に縁とり布を中表に合わせ、①でつけた折り目にミシン

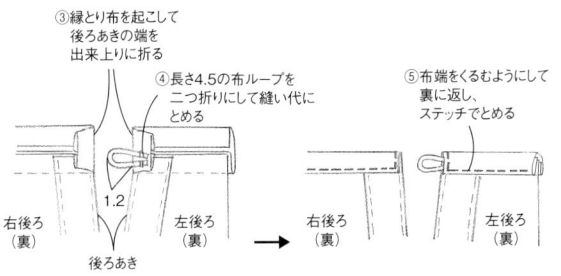

③縁とり布を起こして後ろあきの端を出来上りに折る
④長さ4.5の布ループを二つ折りにして縫い代にとめる
右後ろ（裏）　左後ろ（裏）
後ろあき
1.2

⑤布端をくるむようにして裏に返し、ステッチでとめる
右後ろ（裏）　左後ろ（裏）

ボタン　布ループ
1
1

1.9

出来上り寸法 (cm)

名称＼サイズ	9	11	13
バスト	98	101	104
背肩幅	36.9	37.7	38.5
着丈	98	98	98
袖丈	46.5	46.7	46.9

茅木真知子　machiko kayaki

九州生れの東京育ち。みずがめ座、AB型。
文化出版局「装苑」編集部を経てフリーランスのスタイリストとなる。
1992年よりソーイングブックを発表。シンプルでさり気なく、それでいて
どこか甘さを秘めた茅木真知子スタイルがソーイングファンを魅了する。
'95年には布地の店pindot（ピンドット）を東京・西荻窪にオープン。
ソーイングブックで使用した布、ビンテージのファブリック、ボタン、
ハンカチなどを求めて多くのファンが通う。
著書『好きな布でつくる服』『私の好きなシャツスタイル』
『そのまま着ても、重ねて着ても ワンピース』『かんたんなのに Good Looking』
『ドレスメーキング アット ホーム』『いつもの服をホームクチュールで。』
（すべて文化出版局）ほか多数。

製作協力
鈴木一江　山口悦子　鈴木みさお　福岡裕子　松田千恵子　福山千代実

布地の問合せ先
pindot（ピンドット）
〒167-0054 東京都杉並区松庵3-39-11 シティコープ西荻202
Phone 03-3331-7518
12:00～19:00営業　月曜、火曜定休
ホームページ　http://www.pindot.net/

装丁、レイアウト　弘兼奈美（ツーピース）
撮影　山下恒徳
イラスト（p.29）　殖出綾子
技術編集と作り方イラスト　山村範子
本文デジタルトレース　しかのるーむ
パターングレーディング　上野和博
パターントレース　アズワン（白井史子）
校閲　向井雅子
編集　大沢洋子（文化出版局）

ワンピースがいちばん

2014年4月20日　第1刷発行
2015年7月9日　第6刷発行

著　者　茅木真知子
発行者　大沼　淳
発行所　学校法人文化学園 文化出版局
　　　　〒151-8524
　　　　東京都渋谷区代々木3-22-1
　　　　電話 03-3299-2489（編集）
　　　　　　 03-3299-2540（営業）
印刷・製本所　株式会社文化カラー印刷

©Machiko Kayaki 2014　Printed in Japan
本書の写真、カット及び内容の無断転載を禁じます。

・本書のコピー、スキャン、デジタル化等の無断複製は著作権法上での例外を除き、禁じられています。
・本書を代行業者等の第三者に依頼してスキャンやデジタル化することは、たとえ個人や家庭内での利用でも著作権法違反になります。
・本書で紹介した作品の全部または一部を商品化、複製頒布、及びコンクールなどの応募作品として出品することは禁じられています。
・撮影状況や印刷により、作品の色は実物と多少異なる場合があります。ご了承ください。

文化出版局のホームページ　http://books.bunka.ac.jp/

パターンを作るときのポイント

● パターンの写し方
実物大パターンから必要なパーツを探し、線を色ペンやマーカーでところどころなぞっておきます。実物大パターンの上にハトロン紙（1枚のパーツが収まる大きさに切っておく）をのせ、出来上り線、合い印、縫止り、布目線、ボタンつけ位置、ポケットつけ位置などを写し取ります。

● 縫い代つきのパターンの作り方
写し取った出来上り線の回りに縫うのに必要な縫い代をつけます。この縫い代の寸法は、作り方ページの裁合せ図を参考にしてください。方眼定規などを使って出来上り線と平行に縫い代線を引きます。ただしパーツの角の部分、袖口や裾の折り代はそのまま縫い合わせると、縫い代が足りなくなる場合があるので、パターンの縫い代幅に余分をつけておき、出来上りに折ってからカットするといいでしょう。

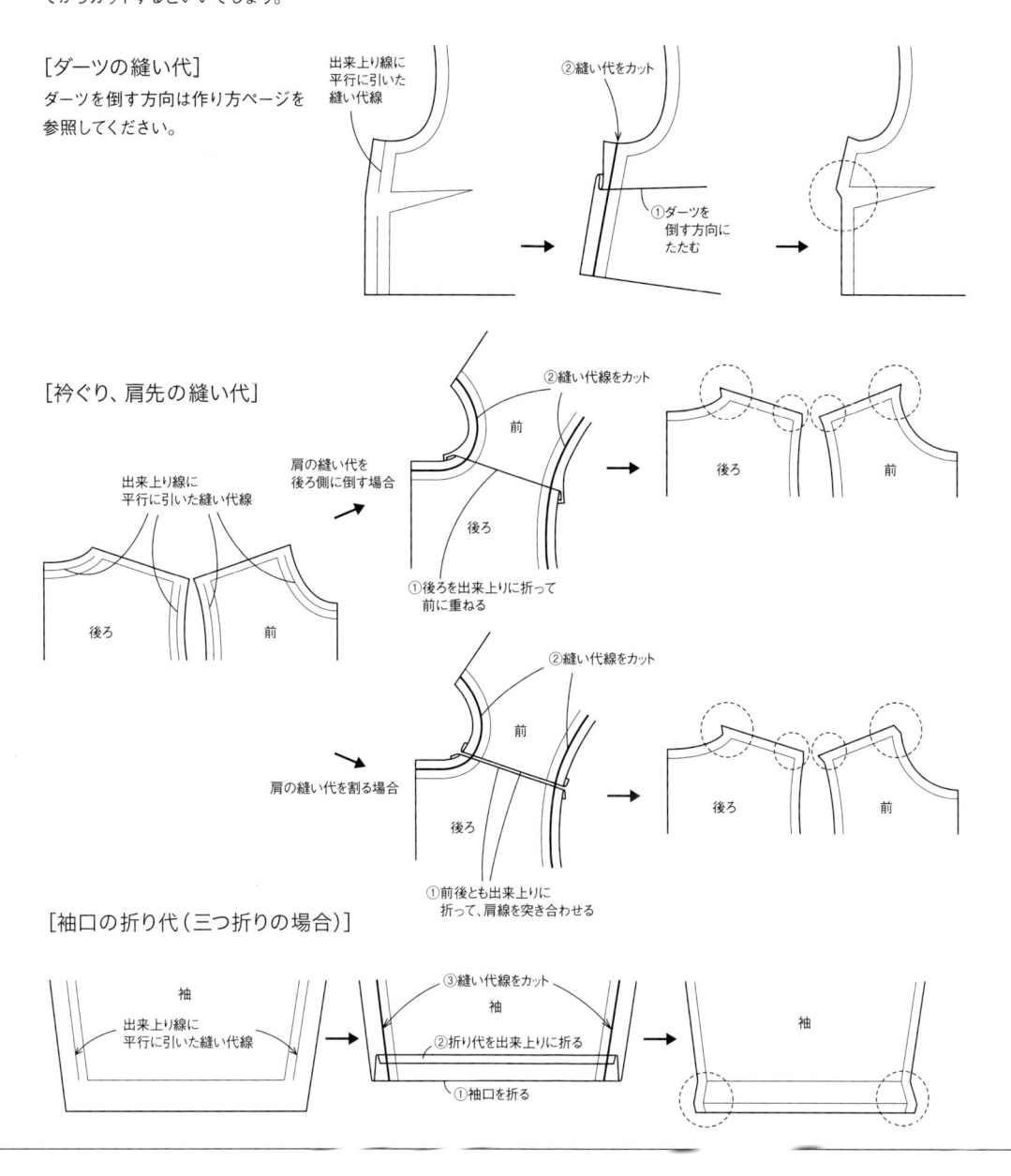

[ダーツの縫い代]
ダーツを倒す方向は作り方ページを参照してください。

[衿ぐり、肩先の縫い代]

[袖口の折り代（三つ折りの場合）]